古文明

五億年前的涼鞋印、四千年前的現代家電、
沉沒的海底城市、被擄走的猿人化石……
跟隨歷史痕跡，尋覓珍寶蹤影

U0059014

竭寶峰｜李奎｜方士華 編著

不是傳說，寶藏真實存在過！

諾亞方舟、沙漠玻璃、皇后之璽、琥珀屋……
無人能解的古文明之謎，永遠沉睡的寶藏之祕

◎淘金路上的兩樁「無頭案」，凶手至今仍逍遙法外？　◎海底城市從哪裡來？究竟是不是古代的亞特蘭提斯？
◎各民族仍處在愚昧的年代，是誰教會了馬雅人曆法？　◎五億年前的「涼鞋」印，三葉蟲化石中有人的腳印！？

目錄

目錄

第三章　科技詮釋

第四章　寶藏密碼

目錄

目錄

前言

　　我們人類是地球的主人，從古至今，我們既創造了悠久燦爛的社會歷史，也創造了輝煌發達的物質文明，隨著時間長河的慢慢湮沒，斑駁的歷史也為我們留下了許多未解之謎，使得我們的人類歷史和社會生活顯得更加豐富多彩和撲朔迷離。

　　歷史如一面鏡子，映照著我們的過去。我們一路走來，留下了多少歷史的腳印，又有多少歷史的痕跡被浪花翻滾的歷史沖刷了，留下了一個個如漩渦般的謎團。解開這些謎團，尋找我們的過去，才能清楚的了解人類社會的發展軌跡，才能創造更加輝煌的未來。

　　名勝古蹟是我們人類智慧的結晶，也是自然天地的恩賜，使我們常感震撼，也嘆為觀止，是什麼鬼斧神工創造了如此神奇的傑作呢？因此，揭開它們蘊藏的豐富資訊，便可發現人類的神祕力量，就能不斷挖掘我們人類的創造力。

　　考古就是用科學的發掘措施和精密的實驗分析來探索古代人類的物質遺留，藉以了解古代的社會生活。通常沒有記載，只有懸念和疑團。因此，我們要追溯人類社會的過去，還原歷史的真相，只有透過考古。

　　寶藏是我們人類社會物質文明的倉庫，也是我們人類辛

前言 ─────────

勤汗水的堆積。幾千年的歷史黃沙，塵封了多少人類龐大的寶藏呢？它們又被埋沒在什麼地方呢？掌握寶藏的羊皮卷，叩開寶藏的芝麻門，這是我們所有人的夢想。發現寶藏，保護寶藏，讓它造福於我們人類社會，這是我們的責任，也是我們的義務。

國寶是民族悠久歷史和燦爛文化的結晶與象徵，承載著民族的傳統和基因，受歷史的洗禮而具有珍貴的價值。國寶由於受世人的追捧往往形影迷蹤，撲朔迷離，留下了許多難解之謎。破譯國寶之謎，發揚民族精神，這是每一個人神聖的責任和義務。

科技是我們人類前進的動力，也是創造人類文明的魔力。科技的發展是循序漸進的，也是有一定時間規律的。而許多史前文明卻大大超越了當時人力之所及，就連現代科技也難以解說。是什麼魔力使得史前文明如此高度發達呢？破譯科技之謎，尋找神祕力量，就能不斷推動人類社會向更高的層次邁進。

文化是我們人類創造的精神文明，也是我們人類高度進化的象徵。文化的發展也是隨著人類的前進而逐步形成的，但歷史上留下的許多文化現象卻大大超越了人們的意料，是什麼力量催生了那些燦爛的文化現象呢？破譯這些文化謎團，就能創造更加豐富的文化成果。

奇聞怪事雖然不能代表人類社會的普遍現象，也不具有一定的規律性，但它的存在卻說明了人類社會的另類奇觀，從不同的角度詮釋了人類社會的豐富性，同時也具有高度的研究價值，或許能夠發現人類存在的許多資訊。破譯這些密碼，便具有高度的科學價值。

人類社會的豐富多彩與無限魅力就在於那許許多多的難解之謎，使我們不得不密切關注和發出疑問。我們總是不斷的去認識它、探索它。雖然今天的科學技術日新月異，達到了很高的程度，但對於那些無限的奧祕謎團還是難以圓滿解答。古今中外許多的科學先驅不斷奮鬥，一個個奧祕不斷解開，並推進了科學技術的大發展，但又發現了許多新的奧祕現象，又不得不向新的問題發起挑戰。這正如達爾文所說：「我們認識自然界的固有規律越多，這種奇妙對於我們就更加不可思議」。科學技術不斷發展，人類探索永無止境，解決舊問題，探索新領域，這就是人類一步一步發展的足跡。

本書知識全面、內容精鍊、文章短小、語言簡潔，深入淺出，通俗易懂，形象生動，非常適合讀者閱讀和收藏，其目的是使讀者在興味盎然的領略奧祕現象的同時，能夠加深思考、啟迪智慧、開闊視野、增加知識，能夠正確了解和認識奧祕世界，激發求知的欲望和探索的精神，激起熱愛科學和追求科學的熱情，掌握開啟人類社會的金鑰匙，並不斷創

前言

造人類文明，使我們真正成為人類社會的主人，不斷推進人類歷史向前發展。

第一章 科技文明

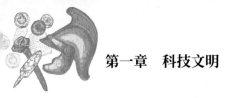

第一章　科技文明

═ 挪亞方舟奇蹟 ══════════

《聖經》記載著挪亞方舟停靠在亞拉拉特山頂，使後人一直都在尋找著神祕的挪亞方舟。

西元 1883 年，一次大地震使亞拉拉特山的一個地段裂開了一道大口，突然露出了一艘船！當時有個赴地震災區考察災情的委員會的所有委員都看到了這艘 12 ～ 15 公尺高的大船，因為一大部分還嵌在冰川裡，無法估算它的長度。這個消息震驚了全世界，從此，尋找挪亞方舟的熱潮再次席捲全球。

1916 年，一位俄國飛行員在執行完偵察任務，正沿著土耳其與伊朗邊境飛回基地，飛臨亞拉拉特山頂上空時，他突然發現一團青藍色的東西，立即調轉機身去觀看，他發現的竟是一艘很大的船體！船的一側有門，其中一扇已毀壞，他拍了照片，回去立即報告了政府，政府立即組織了兩個連的兵力去尋找。1 個月後他們找到了方舟，弄清楚了方舟有幾個房間，有的還用交叉的木塊做成了大柵欄，房子的面還有一排排的鐵栓。

1940 年代，一位土耳其飛行員也拍到一張亞拉拉特山上挪亞方舟的照片，由美國照相測量專家經過放大處理，測出船長為 150 公尺，寬為 50 公尺。

尋找方舟的熱情繼續高漲，一位法國探險家曾於 1952、1955、1969 年三次到亞拉拉特山探險。1955 年 7 月 5 日，他

和 12 歲的兒子在一條山縫的底部，找到一塊方形的經過加工的木料，經碳 14 測定，這塊木料已有 5,000 ～ 6,000 年的歷史，即與西元前 4000 年建造挪亞方舟的年代是吻合的。

1989 年，美國飛行員駕駛直升機在飛臨亞拉拉特山時，也發現了冰川覆蓋了一部分的方舟。

═ 地球文明之前的金屬物 ═

西元 1885 年 11 月 1 日，在奧地利沃爾夫斯貝格，一位工人在敲打堅硬的褐煤時，從裡面滾出一個閃閃發光的東西，它似一個平行六面體的金屬物，體積是 6.7 公分 ×6.2 公分 ×4.7 公分。它兩面隆起，四周以深槽環貫，形狀規則。從其表面看，就像一個很古怪的鼻菸壺，它很顯然是經過智慧生物用雙手加工過的。後來，維也納有一家有名望的報紙報導了此事，引起了科學家們的注意。經過考查證實，發現此物的煤層屬地球第三紀時，而這時地球的文明還沒有誕生。科學家把這個物體命名為「沃爾夫斯貝格六面體」。

═ 畢斯柯灣的巨型圖案 ═

在祕魯利馬南部的畢斯柯灣，有一個人工建造的高 820 英尺的紅色岩壁，岩壁上雕刻著一個巨大的三叉戟或三足燭臺形狀的圖案。三叉戟的每一股約有 13 英尺寬，而且是用含

有像花崗岩一樣硬的雪白磷光性石塊雕成的，因此，如果不是現在被沙土所覆蓋，它將發出耀眼的光芒。是什麼熱情驅使古代人建造這麼巨大的石頭標記呢？

　　一些考古學家認為，畢斯柯灣岩壁上的三叉戟是指示船隻航行的陸標。但大多數考古學家不同意這種說法。他們指出，繪製在這個海灣中的這幅三叉戟圖案，不能使所有角度上航行的船隻都能看到它；況且，在遙遠的古代，是否有遠洋航行這回事都值得懷疑。因此，考古學家們認為，這座在古時候光芒耀眼的三叉戟圖案，一定是作為某些會「飛」的人的航空標示而設置的。

　　考古學家的推測，如果三叉戟確是航空標示，那它不應是孤立存在的，在它的周圍一定還有另外一些東西。果然，1930年代，在距三叉戟圖案 100 英里外的納斯卡荒原上，考古學家又發現了許多神祕的圖案。這些圖案遍布從巴爾帕的北邊至納斯卡南邊的 37 英里狹長地帶。它們是一些幾何圖案、動物雕繪，以及排列整齊的石塊，很像一座飛機場的平面圖。

　　如果搭乘飛機在這個荒原的上空飛行，人們可以發現許多閃閃發光的巨大線條。它們伸展幾英里，有時平行，有時交錯，有時構成龐大的不等邊四邊形。此外，還能看到一些巨形動物的輪廓。它們都是用明亮的石塊鑲嵌出來的。其中有極長的鱷魚，捲尾的猴子……還有一些地球上從未見過的異禽怪獸。

═ 岩石中的鐘形器皿 ══════════

西元 1851 年，在美國多切斯特附近，人們在岩石中發現了一件更奇特的東西。據當時的美國《科學文摘》報導說：「在多切斯特附近進行的一次強大的爆炸中，人們從岩石碎屑中撿到了兩塊折斷的金屬碎片。這是一個被一分為二的整體，當把它們合攏後，可以發現這是一個鐘形器皿，它高 11.4 公分，寬 16.5 公分，壁厚 0.3 公分。令人驚訝的是，這個器皿外形像鋅，或者是鋅與銀的合金。它的表面刻有 6 朵花，花蕊中均嵌有純銀，底部雕有蔓和花環圖案，同樣都以純銀相嵌，工藝極為出色，精美絕倫，令人讚嘆不已。更令人不解的是，此物竟出自爆炸地深 15 英尺的岩石中。」

═ 千奇百怪的鞋 ══════════

在世界歷史文化中，有很多未解之謎。有些用銅、銀、陶、泥、紙、石頭做成的鞋也成為人類不可多得的歷史遺產。

銅鞋製於波斯時代，鞋幫和鞋底全部採用銅皮，以錫銲製而成。鞋呈卵形，供波斯婦女在伊斯蘭教堂內穿著。在古代人類尚未發明膠雨鞋時，雨天穿著的鞋無奇不有，而以銲錫法將銅皮製成鞋，正是最好的防雨鞋之一。

第一章　科技文明

　　牛鼻鞋是德國 16 世紀的一種冑甲靴。其鞋幫和鞋底是用十塊皮料縫合，形似「百頁」。牛鼻鞋是古代日耳曼民族對牛的崇拜的反映。在他們看來，牛以無窮的力量成為必勝的象徵。

　　中國浙江衢州出土的一種南宋銀鞋，係由銀質鞋面二片、銀質鞋底一片銲接而成。鞋頭尖而翹，口沿鏨忍冬紋一周，鞋面鏨寶相花，鞋底鏨刻線紋及雙鉤並刻有「羅雙雙」字樣。鞋長僅 14 公分，是中國幾千年來唯一的銀質「三寸金蓮」。

　　1980 年在中國湖北省安陸縣唐代吳王妃楊氏墓出土了兩件石質鞋形器，呈橢圓形。考古學家認為是鞋底。其正背兩面中部突起，邊周陰刻線條，一端有圓穿孔，形制相同，大小不一，石質堅細。一隻長 24 公分，可能為男鞋，另一隻長 22 公分，可能為女鞋。

　　隋開皇二十年（西元 600 年）遷葬的王乾墓內有陶鞋一雙，出土於安徽亳縣機製磚瓦窯場。陶鞋長 127 公分，為女鞋形制。從實用角度論，陶質完全可以用來防潮，但如此脆弱的材料是承受不住體重壓力的，故而，它應該屬於隨葬品。可為什麼偏要選擇陶材料製鞋呢？它似乎告訴我們，墓主生前的所在區域為隋代「陶都」。

第二章　科技難題

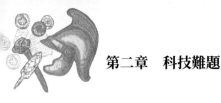

═ 通天塔真的有人修過嗎 ═════

　　傳說古時候，天下的人都是說同一種語言，後來古巴比倫人要修建一座能夠通天的高塔，以建立自己的聲譽。通天塔越建越高，後來驚動了天上的耶和華，他怕通天塔真的修成後，天上的祕密被人間所知曉，便施展法術，使人們的語言互不相通，結果由於修塔的人互相無法溝通，通天塔的工程就沒有進展下去。

　　這似乎是一個荒誕不經的傳說，但史學界許多人相信古書中的這段記載還是有一定依據的，關鍵是這座通天塔指的是哪座。有人認為，傳說中的通天塔就是古代兩河流域新巴比倫王國時代巴比倫城內的大寺塔。這座塔興建於西元前五世紀，歷經了半個多世紀才建成。修建時，國王曾下令，一定要將塔頂提高，以與天公比高。這座高達 90 公尺的大塔，確實能給人高聳入雲的感覺。更為有趣的是，考古發掘顯示，大寺塔的建築材料是磚和生漆，而《聖經》所描述通天塔用的材料也是這些。而且，當時巴比倫城內的居民種族很多，確實有語言不通的情況。可惜的是，大寺塔在西元前三世紀就被破壞了。

　　也有人不同意上述說法，認為在大寺塔建成之前，巴比倫城內就曾有兩座神廟，一座叫薩哥埃爾，意為通向雲中，另一座叫米堤猶拉哥，意為上與天平，這兩座神廟才是關於

通天塔傳說的來源。還有人認為，傳說中的通天塔是指位於巴比倫城東南的烏爾大寺塔，因為這座塔在巴比倫的寺塔中，修建時間最早，工程量最大。

通天塔是否真的存在過，至今沒有足夠的證據加以證明，現在只能做一些猜測罷了。

誰教會了馬雅人曆法

馬雅人創出了一套精巧的曆法，馬雅人認為一個月（兀納）等於 20 天（金），一年（佟）等於 18 個月（兀納），再加上每年之中有 5 個未列在內的忌日：一年實際的天數為 365 天。這正好與現代人對地球自轉時程的認知相吻合。馬雅人除對地球曆法了解得十分精確之外，他們對金星的曆年也十分了解。金星的曆年就是金星繞太陽運行一周所需的時間，馬雅人計算出金星曆年為 584 天，而今天天文學家測算金星的曆年為 584.92 天，這是個非常了不起的數字。

馬雅人依照自己的曆法建造的金字塔，實際上都是一種祭祀神靈並兼顧觀測天象的天文臺。位於徹琴的天文臺是馬雅人建造的第一個、也是最古老的天文臺。塔頂高聳於叢林的樹冠之上，內有一個旋梯直通塔頂的觀測臺，塔頂有觀測星體的窗孔。其外的石牆裝飾著雨神的圖案，並刻有一個展翅飛向太空的人的浮雕。這一切，令人百思不得其解。

馬雅人竟然知道天王星和海王星的存在，他們的徹琴天文臺的觀天窗口不是對準最明亮的星體，而是對準銀河系之外那片沉沉的夜幕。他們的曆法可以維持到四億年之後，其用途究竟有何用意？另外，他們是從何處獲悉並計算出太陽年與金星年其差數可以精確到小數點之後第四個數字的？

很明顯，這一切知識已經超過了農耕社會的馬雅人的實際需求而令人不可思議。那麼，又是誰把這些知識傳授給馬雅人呢？在那個全世界各民族仍處在愚昧的年代，又有誰掌握如此先進的知識呢？

═ 復活節島的文明之謎 ═

據羅赫芬（Jacob Roggeveen）等的回憶錄介紹，當他們登上復活節島時，曾在石人像附近發現大量刻滿奇異象形文字的木板。

這種象形文字的確非常奇怪，它不同於中國古代的象形文字，也不同於印度、埃及的古象形文字。

由於後來西方傳教士的到來，這種為復活節島所特有的木板文字被大批燒毀。因為迄今為止收藏於世界各博物館中的這種木板文字，總共不超過 10 塊。其書寫的內容，各國科學家運用了包括電腦在內的先進工具，都未能解讀。

現代研究太平洋的學者認為，復活節島的巨石人像應屬

於玻里尼西亞文化，其根據就是庫克船長（Captain Cook）說到的島上原始居民使用的語言，保留著南太平洋群嶼的音韻。說明復活節島居民的種族，應源自玻里尼西亞群島。

從宗教比較方面入手的學者們發現，復活節島上的鳥人崇拜，頗似索羅門群島上的繪畫和木雕所表現的鳥「人」。同時，復活節島舉行慶典時，主持人必須把頭髮剃光，把頭染紅。索羅門群島也有染髮習俗，而且由來已久。這部分學者因此指出，復活節島的文化，是受索羅門群島的影響。

總之，關於復活節島的文明眾說紛紜，復活節島的文明是從哪裡來的呢？至今科學家們還在進一步的探索之中。

馬雅文明是從天而降嗎

西元 1893 年，一位英國畫家在北美洲宏都拉斯的叢林中發現了一座城堡的廢墟。坍塌的神廟上的一塊塊巨大的基石，無不刻滿精美的雕飾。石板鋪成的馬路，象徵著它曾經是個車水馬龍、川流不息的鬧市。

馬雅人於 3,000 年前，就在這塊土地上過著安定的生活，並創造了光輝燦爛而神祕的馬雅文化。

馬雅人的金字塔可以與埃及的金字塔相媲美，塔中存放著精緻的凹凸透鏡、蓄電池、變壓器、太陽系模型的碎片。塔內有一種空間形態能，能夠使刀刃鋒利起來，使有機物發

生脫水反應。1927 年，一位美國探險家在一具棺材底層的陪葬品中發現了一具水晶人頭骨，它發出耀眼的七色彩光，具有麻醉般的催眠作用。可是進一步的研究並沒有使人解開美洲人如何和為何建造金字塔的謎。馬雅人擁有不可思議的天文知識！創建了他們自己的曆法，他們的數學水準比歐洲足足先進了 10 個世紀：一個以農耕為唯一生活來源的社會，居然能有先進的天文與數學知識，令人覺得不可思議。

史學界的資料顯示，在這些燦爛文明誕生以前，馬雅人仍巢居樹穴，以漁獵為生，基本上過著原始生活，有人甚至對馬雅人是否是美洲土著人表示懷疑。

種種跡象顯示，當時的馬雅人，甚至全地球人都沒有能力來創建這異常燦爛的馬雅文明，這燦爛的馬雅文明怎樣來的，至今人們也無法猜透。

哥窯瓷器的產地在哪裡

在中國數千年陶瓷發展歷史上，哥窯瓷器占有很重要的位置，被列為製瓷業興盛時期的宋代五大名窯之一。

根據相關文獻記載，哥窯瓷器在元末明初還在燒製，並且有新舊之分，新哥窯是元末燒的，而舊哥窯燒製的地點和時間還不清楚，但之後大量的史料證明哥窯的窯址在浙江龍泉縣。

　　然而事實並不像史料記載的那麼簡單。1960 年，中國浙江省文物管理委員會對龍泉縣的大窯、金村遺址進行了挖掘。在大窯和溪口等五處窯址都發現了一種身帶耳片的黑胎青瓷器，其特徵與史料中的哥窯特徵非常相似，而與各大博物館收藏的那種傳世哥窯瓷器完全不同，這說明傳世哥窯瓷器不是在龍泉燒造的。根據這一發現，中國科學院上海矽酸鹽研究所對龍泉胎青瓷、景德鎮仿哥窯等瓷片進行了化驗、分析和考究，結果顯示，史料裡所說的哥窯是龍泉窯的哥窯，而不是燒造傳世瓷器的哥窯。

　　這樣，燒造傳世瓷器的哥窯究竟在哪裡，又成了一個考古學家探討的問題。有人認為它可能在江西景德鎮，因為明清兩代景德鎮哥瓷燒得很成功，但沒有證據能夠證明宋元時的傳世哥窯也在那裡。也有人判斷也許在吉州窯的產地江西吉安，因為明代曹昭在《格古要論》裡提到該地有一個「碎器窯」，但直到現在還沒發現這個碎器窯。在另一個明代人高濂《遵生八箋》裡談到哥窯取瓷土於杭州鳳凰山下，好像是指瓷窯在這裡，有人以此來推斷窯址在杭州。目前關於哥窯窯址究竟在何處，人們眾說紛紜，考古學家們還在探究，希望得到一個正確的答案。

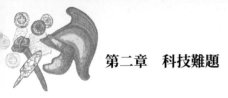

═ 馬雅人發明了「太空飛行器」嗎 ═

　　帕倫克位於墨西哥高原一個荒涼的山谷裡。1950 年代，考古學家前來整理這個馬雅廢墟時，他們從浮塵和苔蘚中，發掘了一塊沉重的、刻滿花紋圖案的石板。

　　石板上刻繪的圖畫，既神奇又誇張，一個人像駕駛摩托車似的，雙手握著某種掌握舵向的手把，像是一幅太空人操縱火箭遨遊太空的圖案。

　　儘管馬雅工匠在雕刻時使排氣管道彎曲變形為一種裝飾性的花邊框架、各種儀表、環狀物和螺狀物，都順形就勢藝術化的被處理成各種圖案，但一切仍可清晰看見，這個運載工具呈前尖後寬的形狀，進氣口呈溝狀凹槽，操縱桿與腳踏板，以及天線、軟管，仍被生動的描繪出來。

　　太令人驚訝了，要知道古代是沒有，也不可能有太空飛行器的。那麼，遠在古代的馬雅人怎麼了解太空的奧祕的？又如何描繪出太空人蟄居窄小的駕駛艙，緊張操縱飛船的情形？

　　可信的解釋大概只有這一種：在遙遠的古代，南美這片熱帶叢林裡可能有過一批來自外星球的智慧生命，他們在馬雅人頂禮膜拜的歡迎中走出了自己的飛船。他們教給了馬雅人曆法和天文知識，並向他們展示了自己的運載工具，向他們傳授了農耕的各種知識，然後飄然而去。臨行前也許有過

重訪美洲的允諾。但其中的真相到底為何，也許在科學家的苦苦探索之中會有一天得出一個準確的答案。

五億年前的「涼鞋」印是誰的

1968 年 6 月 1 日，赫克爾公司監察人梅斯特（Meister）在猶他州德爾塔西北約 43 英里的「羚羊泉」度假時，發現了一些三葉蟲化石，當梅斯特將化石敲開時，不由大吃一驚，他發現岩石斷面中央有一個「人」的腳印，在腳印中間踩著一個三葉蟲。令人不解和驚奇的是，這個「人」竟穿著涼鞋！經過測量，這個右腳涼鞋印比現代人的鞋印大得多，長有 10.25 英寸，前端寬 3.5 英寸，後跟寬 3 英寸，後跟深度比前端深入八分之一英寸。

在現代進化論的觀念中，猿人是在 100 萬年前開始站立起來的，可是，三葉蟲卻是 5 億年前的低等生物。在那時，別說猿人了，就是猴子、熊等一些動物都沒有產生，哪裡來的「人」呢？

人類學家將面臨著一個難題：5 億年前，究竟是一種什麼樣的「人」，在我們這個地球上生活過呢？

古生物學家推論：在地球誕生以來的 45 億年中，地球生物從無到有，又從有到無，經歷了 5 次大滅絕，時間大約分別是 5 億年前，3.5 億年前，2.3 億年前，1.8 億年前，6,500

萬年前。這就是地球文明循環說。

　　有人認為：在 20 億年前，地球上就出現過高度文明的生物。然而，全球性大毀滅以及億萬年的自然變遷，抹掉了一切痕跡。我們現在迷惑不解的許多遺址、遺物，只不過是有幸保存下來的遠古文明的殘存物而已。

　　到底有沒有史前文明存在？如有，怎樣論定這幾次輪迴的文明存在？如無，怎樣解釋這超越時代的史前遺址、遺物？在這一點上，正統的歷史學家、人類學家與新興的天文考古學家進行著一場曠日持久的論戰。

陶球到底是做什麼用的

　　中國的考古工作者在長江流域發掘出了許多分布廣泛的原始文化遺址，其中最引人注目的是陶球，這些陶球是距今已有 5,000 至 8,000 年。

　　它是用細膩的黏土燒製而成的，由於陶土和火候的不同而使陶球呈現出不同的顏色，但主要還是僅限於紅褐色和白色。它們都是非常標準的圓球型，直徑從 2 至 6 公分不等。陶球表面幾乎都有裝飾的花紋，有的是簡單的圓圈紋，有的是螺旋紋，也有精緻的細線紋、草葉紋和鏤製的小孔等等，還有一小部分是沒有紋飾的光滑小球。在帶有花紋裝飾的陶球中，由戳印而成的小點組成「米」字形紋飾的陶球數量較多。

這些小陶球都是空心的，球體裡多含有小石子和泥核，搖起來還有響聲。這些小陶球到底是做什麼用的呢？

它們也不像是裝飾品。因為這些小陶球都無法佩戴在身上，它們上面沒有任何可以拴繩掛鎖的孔洞。

它更不會是原始人的子彈。因為子彈這東西根本沒有必要費心費力的燒成空心的，實心的子彈更堅固耐用。

現在，史學家們還只能停留在如實記述已發現的陶球數量、形狀、紋飾等外在特徵上面，無法說明它的本質屬性。

對於原始陶球到底是做什麼用的，考古學家們各執己見，眾說紛紜，至今還是一個難解之謎。

═ 石柱連線為何指向星座 ═

在 1970 年代初期，一支由各國學者組成的岩畫考古隊，在非洲肯亞中部發現了一個由石柱組成的叢林。

這片石柱叢林一共由 19 根石柱組成。石林的東邊和北邊是一望無際的圖爾卡納湖，西邊和南邊是廣泛的大草原。石柱都是由堅硬岩石雕刻成的，粗細不均，長短各異。

科學家們陷入了困惑之中，石柱為什麼豎立在這不產岩石的草原上呢？

美國密西根大學人類學家羅賓斯（Robbins）認為石柱的排列有一定的用意。他發現石柱頂部連線均指向西元前 300 年的

一些恆星所處的位置，這可能是古非洲人計算曆法的工具。

　　當地人稱呼石柱為「納莫拉通加」，即「石人」之意。2,000 年前，當最初的移民到這裡居住時，石柱就已存在，當地人相信它們曾經都是有生命的。

　　美國 NASA 艾姆斯研究中心的道爾（Doyle）博士宣布：他依靠石林推算出了一種與古代中國、印度及馬雅的曆法相似的陰曆。這種古老陰曆的計算法，至今還保存在衣索比亞南部的博拉納奧羅莫人之中。

　　科學家們用電腦對石柱的排列進行過統計分析，為石林用於觀測的精確性而深感驚訝。同時人們又要問，石林的功能僅僅是用於曆法嗎？

　　當時並沒有磁鐵礦，經化驗石柱也不含鐵，但每根石柱都能使羅盤的指針偏向一邊，這磁性又是怎麼來的呢？這些石柱的邊線分別指向參宿星、獵戶座劍形的中部……

　　這一個又一個的疑問，困擾著人們，就算是在科學日益發達的今天，科學家們也無法做出客觀的解釋。

＝ 石棚之謎是什麼 ＝

　　遠古時代的巨石建築，總是顯示著種種神祕的色彩，令今人不斷探求、驚嘆。在中國的遼東半島上，有許多巨石棚，這些石棚往往是幾塊大石板或大石塊立在地上作為壁

石，上面覆蓋著一塊巨大的蓋石的古代建築物，除遼東半島外，在吉林、山東、湖南和四川也發現過石棚。

中國對巨石類的古蹟往往因缺乏文獻典籍資料而少有研究，因此在這一領域中，能夠引起關注的成果不多，只是在民間流傳著一些美麗的神話傳說。在遼東半島上，石棚所在地廣泛流傳著姑嫂修石升天的傳說，因此這些石棚也被稱作姑嫂石。規模龐大的石棚在遠古時代是很難建築的，比如遼寧省蓋縣石棚山遺址的石棚，蓋石長8公尺多，寬近6公尺，重達幾十噸，單憑人力把這巨大的石板架到2公尺左右高的石柱上面，實在令人驚嘆不已。而且，大石棚的壁石與蓋石多經過仔細加工磨製，壁石套合也很整齊，有的還有溝槽，和鋪底石結合在一起。這樣宏大的古代建築，即使現在也不容易再修，更何況在幾千年前的新石器時代。

如此費工的石棚是做什麼用的呢？它建於什麼時代？為什麼石棚常常是三、四個在一起，甚至成群？

有的專家認為，這是一種巨石墳墓，意義如同埃及的金字塔；有的學者認為是一種宗教祭祀建築物；還有人認為是古代氏族舉行各種活動的公共場所。最近，有幾位年輕的考古工作者，在遼東半島上對十座石棚進行了綜合考察，確認石棚是新石器時代晚期到青銅時代的建築。但對石棚的性質、作用等疑問，還沒有做出令人滿意的回答。

═ 天然木乃伊博物館之謎 ═

　　位於墨西哥的瓜納華托木乃伊博物館裡保存的幾百具木乃伊的標本，這些木乃伊都沒有經過任何防腐處理，卻沒有屍化，這不得不令人稱奇。

　　墨西哥的氣候環境大致上與埃及的氣溫相差不多，在屍體的保存上，假如未經防腐處理，屍體不可能不腐化。而這裡的木乃伊比埃及的木乃伊要完整得多，其陳列品的年齡，從老到小，甚至還有胎兒。

　　博物館特別聲明，這些陳列的木乃伊都不是什麼貴族身分，只是極普通、平凡人的屍體。其中年代最久的是 104 年前死去的人，新的是 1960 年才死去的人。

　　所有的屍體並沒有經過特殊的處理，而都是自然形成的木乃伊，那為什麼在自然的空氣中不會腐化呢？據研究可能是與這裡的空氣溫度與地域性空氣的化學成分有關，這裡是墨西哥最著名的乾旱地帶，空氣中含有很多的「硝」，這是一種自然形成的防腐劑。但這是不是天然木乃伊的形成原因，還有待科學家的進一步研究。

= 古船是做什麼用的 =

　　在尼羅河西岸的吉薩高原上，有一座大金字塔，那是埃及第四王朝法老古夫（Khufu，距今已有 4,000 多年）的陵墓。

　　1954 年，人們在清除大金字塔基腳的一堆亂石時，發現那裡有兩個大坑。

　　考古學家們挖掘了其中的一個，出乎意料的發現，坑裡埋藏著一艘拆卸了的古船，共有 1,224 塊，考古學家們花了幾年時間，才組裝、復原好這艘古船。古船長 43 公尺，船身細長，頭尾高翹，有甲板；船殼採用縱向組合的方式，用銅箍加固，用防水劑抹縫；船上使用一種像梭鏢狀的槳。1985 年，美國、英國、荷蘭和埃及的考古學家，相互合作，開始挖掘第二個坑。結果又發現了一艘與第一個船塚出土的古船相類似的古船。

　　這兩條古船是做什麼用的呢？

　　有的科學家認為，這是供埃及法老古夫亡靈乘坐的日月之舟。因為古埃及有一個傳說：太陽神乘著一隻小舟，在天海向西航行，在黃昏時為天神所吞食，可是到黎明時又獲得新生。

　　有的科學家認為，這兩艘姊妹船，都是靈船。古夫死後，一艘船載內棺和屍體，一艘船載石棺，駛往金字塔腳下

的一座廟宇。船靠岸後，屍體和棺材被抬上岸，然後又被抬進廟裡。

　　有的科學家認為，在古埃及、尼羅河平原上河流縱橫交錯，船是人們謀生的重要工具，深受古埃及人的青睞。因此，船塚裡的兩艘船，是供給古夫死後使用的。

　　有的科學家認為，這兩艘船是古夫生前朝聖用的。一艘船用於去開羅下游的聖城，另一艘船用於去開羅上游的聖地。古夫死後，人們就將這兩艘船作為陪葬物隨古夫而去。

　　科學家們的這些觀點，都沒有足夠的科學依據，不能讓人們完全接受，因此古船之謎至今未解。

═ 4,000 年前有外科手術嗎 ══════

　　1921 年，科學家們在尚比亞發現了一個人類頭顱，頭顱的左邊有一個圓孔，科學家們在經過一番分析考證後認為，這個圓孔是由高速衝擊物所造成的，這種創傷只有子彈才能造成。但經過對這個頭顱的年代測定，它應屬於舊石器時代中期，至今最少有數萬年的歷史了。說人類在數萬年前就發明了槍彈，無論如何是令人難於置信的。更令人難於置信的是，這個古代人是在受到重傷以後，經過許多年才死去的，用現代醫學的觀點看，病人只有經過外科手術後，才能存活下來。

　　無獨有偶，在蘇聯西瓦湖附近，人們挖掘出一個西元前

2000 年的女屍，女屍的頭部有一個約 0.6 公分長的傷口，科學家們觀察發現，傷口處塞進了一小塊動物骨頭，並已經與女屍的顱骨重新癒合在一起了。這說明，人類在 4,000 多年前就已經能夠成功的實施外科手術了。

由於這只是一個偶然的案例，人們還無法肯定這神奇的外科手術是古代人的一種自覺行為，但後來科學家們發現另一個古人類頭骨有一個更大的裂口，很明顯這是施行過頭顱切開術後留下的痕跡。

從上述情況看，古人類所施行的外科手術難度之大，連現代人都難以企及，這究竟是由於古代人類確曾有過高超的外科手術技術，還是我們現代人的異想天開呢？目前連科學家們也困惑不解。

巨石陣與天文現象有關嗎

在英國埃姆斯伯里以北有一個被稱為「巨石陣」的石塊群。巨石陣的主體是直立在平原上的一根根排列成圓形的巨大石柱。每根石柱高 4 公尺，寬 2 公尺，厚 1 公尺，重達 25 噸，兩根最大的拱門石柱重 50 噸。考察者在巨大石陣內發現了由 56 個石柱圍成一個圓形的坑穴群，坑內裝滿了人的頭骨、骨灰，以及骨針、燧石等日用品，這些坑穴被稱為「奧布里坑」。

第二章　科技難題

　　早在 200 多年前就有人注意到巨石陣的主軸線指向夏至時日出的方向，其中兩塊石頭的連線指向冬至時日落的方位。英國天文學家洛基爾（Lockyer）指出石陣的中心與一塊石頭的連線指向 5 月 6 日和 8 月 8 日日落的位置，而中心與另一塊石頭的連線指向 2 月 5 日和 11 月 8 日日出的位置。因為這 4 天大致就是立夏、立秋、立春和立冬 4 個節氣的時間，所以他認為建造巨石陣的人們已經有 1 年分 8 個節氣的曆法了。1960 年代初天文學家紐漢又找到了指向春分和秋分日出方位的標示，並且他還指出標號為 91、92、93 和 94 的 4 塊石頭構成一個矩形，它的長邊指向月亮最南升起點和最北落下點的方位。天文學家霍金斯（Hawkins）又找出了許多新的指示日月出沒方位的指示線，因此他認為巨石陣中的 56 個奧布里洞能預報月食。天文學家堆伊爾則認為巨石陣更能預報日食。

　　但有不少人對巨石陣是古代天文觀測臺的說法表示懷疑，因為這些巨石需要到遙遠的威爾斯山區去搬運，要動用 150 萬個勞動力極強的人來建造，這在當時是極為困難的工程。再者，對那圓形坑穴中的人骨等現象也解釋不清。

　　那麼，這些巨石陣到底是做什麼用的，是誰建造的，是如何建成的？至今無定論。看來，這遠古巨石陣之謎還有待於進一步探索。

= 金字塔上驚人的學術之謎 =

在古代世界有「七大奇蹟」，埃及的金字塔被譽為「七大奇蹟」之冠，其中最為壯觀的一座叫古夫金字塔，它約建於西元前 2560 年。塔高 146.5 公尺，塔基每邊長 230.6 公尺，占地約 52,900 平方公尺，總重量 684.8 萬噸。塔身用 230 萬塊巨石砌成，平均每塊重 10 噸，石塊之間不用任何黏著物，而由石與石相互疊積而成，人們很難用一把鋒利的刀片插入石塊之間的縫隙，時近 5,000 年，這是人類有史以來單個最大的人工建築物。

自重 ×1,015 ＝地球的重量。

塔高 ×10 億：地球到太陽的距離

（塔高）^{2} ＝塔面三角形面積

底周長：塔高＝圓圍：半徑

底周長 ×2 ＝赤道的時分度

底周長 ÷（塔高 ×2）＝圓周率

你相信，這些數字僅僅是巧合嗎？

另外，穿過大金字塔的子午線把地球上的陸地、海洋分成相等的兩半。

金字塔基正好坐落在地球各大陸引力的中心。

還有，地球兩極的軸心指向天空的位置每天都在變化，經過 2.5827 萬年的週期，繞天空一周回到原來位置，而金字

塔對角線之和，就正好等於 25,826.6。

　　人們苦思冥想，如果不是巧合的話，4,500 年前的古代埃及人怎麼有如此精確的測算呢？

═ 埃及金字塔的諸多謎團 ═

　　在埃及已發現的金字塔中，最大最有名的是位於開羅西南面的吉薩高地上的祖孫三代金字塔。它們是古夫金字塔、卡夫拉金字塔和孟卡拉金字塔。而在這三座金字塔中又以古夫金字塔最為高大壯觀。金字塔本身所包含的祕密更令人們難以想像和猜測。

　　大金字塔的長度單位是根據地球的旋轉大軸線的一半長度而確定的，即大金字塔的底是地球旋轉大軸線一半長度的百分之二。但如此精確的數字，建造者是怎麼算出來的呢？人們不得而知。

　　大金字的熱量單位是整個地球表面的平均溫度；時間的單位與一週 7 日的分法也在其中得到表現；另外，大金字塔內那間陳放法老靈柩的墓室，其尺寸為 3：4：5，這個數字正好是三角形的公式。

　　還有，大金字塔的位置的選擇更頗有意味 ── 子午線正好從金字塔中心穿過，也就是說它坐落在子午線的中間。

　　法國一位更前衛的學者在 1951 年提出了更加玄奧的問

題:「大金字塔是否包含了原子彈的方程式?」

更驚人的是,科學家們從該塔內發現的一卷用象形文字記載的文獻得知,約距今 5,000 年前,有一輛被稱為「飛天馬車」的東西撞向開羅附近,並有一名生還者。該卷文獻稱「生還者」為設計師,考古學家相信這個太空人便是金字塔的設計及建造者,而金字塔是作為通知太空的同類前往救援的記號。但令科學家們迷惑不解的是,那太空人為何製造了一個如此穩固、不會溶解的冰格,並把自己藏身於內?金字塔所包含的這許許多多的祕密,困惑著各國一代又一代的科學家。但他們依然執著的進行著探索和研究。

死海古書記載核災難嗎

1947 年春,一名牧羊人在死海附近的山洞裡發現了幾個保存完好的陶罐,罐中藏有一些用奇怪文字書寫的卷軸。根據這一線索,考古學家們又在這一帶挖掘出大批古書的手抄本,這批書被命名為死海古卷。

在這批文書中,有古老的舊約聖經前幾章的文本,這是 2,000 多年前,依照古老的原文抄寫的,其中有從天而降的神和由人間被帶到天上去的人的故事。最能激起一些科學家興趣的是一場類似於核爆炸式的災難的降臨。天使在決定要毀滅兩個罪惡之城時,提前通知了唯一的正人君子羅得

第二章 科技難題

（Lot），讓他往山上逃跑。後來，在天使毀城的前夜，羅得
還是帶著妻子向山上逃去。他們剛離開城，身後就傳來了強
大的爆炸聲，《聖經》寫道：「硫磺與火從天降至所多瑪和蛾
摩拉，城內、窪地上的居民和所有生物蓋無倖免。」羅得之
妻在逃跑的過程中，忍不住好奇，回頭向爆炸的地方張望了
一眼，立刻變成了鹽柱。羅得只得獨自離開，逃到了山上。

　　一些人認為，這一段描述毀滅罪惡之城的古文書，實際
上可能是遠古時發生的一次核爆炸，一些人事先被勸說離開
爆炸地點，到山洞中躲避核輻射，沒有躲避的人和所有生物
都未能倖免於難，而一些看到核爆炸的人，被強大的核能量
照射得雙目失明而死。如果對照廣島原子彈爆炸的一些當事
人的回憶，則這兩者的情形是很接近的。

　　對於死海古卷留給人們的疑問，還很難在短時間內得到
回答，但從曾居住在死海附近的一些民族的傳說中，確實可
以感到，這裡曾經發生過不同尋常的事情。

二十八宿源於哪國

　　二十八宿是古人觀測天象的基礎，按方位劃分為東、
南、西、北各七宿。東方七宿的名稱是：角、亢、氐、房、
心、尾、箕；南方七宿是：井、鬼、柳、星、張、翼、軫；
西方七宿是：奎、婁、胃、昴、畢、觜、參；北方七宿是：

斗、牛、女、虛、危、室、壁。這二十八宿,在古代中國、印度、巴比倫和阿拉伯等國所表現的意義雖不同,但它們確實存在。

一位德國歷史學家最先認為中國的二十八宿是為了追蹤月球在恆星間的運行,以顯著星象為目標而設立的二十八個標準點。西元 1840 年,必歐(Biot)在其著作中明確提出二十八宿起源於中國。天文學家瑪得那(Madler)也持同樣觀點。

然而,西元 1860 年,韋柏(Webber)在〈中印兩國曆學的比較〉一文中,提出了二十八宿起源於印度的說法。諶約翰根據對中國歲名、歲陽以及五帝等名稱的研究也得出二十八宿起源於印度的說法。

西元 1891 年,荷姆美爾在其著作中主張二十八宿應當起源於巴比倫。

不過,主張二十八宿起源於印度、巴比倫的學者也有一系列的解釋還不完美。所以,到了什雷該爾(Schlegel)的《星辰考源》問世以後,學術界主張中國起源說的人越來越多了。20 世紀初葉,得索諸爾的《中國天文學》和新城新藏的巨著《東洋天文學研究》都堅決主張二十八宿起源於中國。

中國學者竺可楨在《二十八宿起源之時代和地點》及其

以後的一系列著作中對二十八宿作了深入全面的探討，主張二十八宿起源於中國。夏鼐在〈從宣化遼墓的星圖論二十八宿和黃道十二宮〉一文中，為二十八宿起源於中國說也提供了證據。特別是 1978 年在湖北隨縣曾侯乙墓中，發現了一個書寫著中國二十八宿的漆箱蓋，更為二十八宿起源於中國說提供了有力的證據。所以，學者們主張，二十八宿體系在中國的形成，一定比戰國早期早得多。

　　二十八宿究竟起源哪國，它是在何時形成的，至今還是一個待解之謎。

═ 南極地圖是誰繪製的 ═══════════

　　法國數學家、地理學家奧隆斯‧菲內（Oronce Fine）在西元 1531 年畫了一張世界地圖，這張地圖非常奇妙，一位美國地理學家在研究中發現：在這張 400 多年前所畫的地圖上，南極大陸的輪廓線與我們今天所熟知的幾乎毫無差別！

　　根據歷史的記載，南極大陸最早是由俄國航行家在西元 1820 年發現的，而對它的詳細測繪和研究則到了近代才開始的。而 16 世紀的人是如何知道南極大陸情況的呢？有人認為，地圖本身的歷史久遠性是毫無疑問的。奧隆斯‧菲內在地圖上畫上了南極，這可能是他自己想像出來的。至於地圖上南極的形狀與實際的如此相似，也許只是一種巧合。美

國地理學家卻不同意這種解釋，他反駁道，如果這地圖的南極真是奧隆斯·菲內幻想出來的，那麼他怎麼能幻想那麼準確，並且把南極東半球的部分畫大點，西半球部分畫小點？他又怎麼能憑想像把大陸上的山嶺溝谷畫得像我們今天所探明的一樣呢？

尤其令人不解的是，在這張如此精確詳細的南極圖上，竟沒有羅斯冰架。我們知道，這塊大冰覆蓋住了半個羅斯海，有些地方厚達 700 公尺。這麼一大塊冰架至少在西元 1531 年時就有了。如果奧隆斯·菲內在繪製南極地圖時還沒有這塊冰的話，那麼今天也不會有，或者規模要小得多。但是這龐大的羅斯冰架確確實實已經存在，因此只能得出兩種結論：一種可能是這張地圖上的南極的確是憑想像畫出來的，另一種可能是依據某些從遙遠的古代流傳下來的、我們現在還不知道的資料或圖樣畫出來的，不過這又留下了一系列的疑問，在那遙遠的青銅器時代，是什麼人，又是透過什麼方法了解到南極的情況的？這些疑問還須進一步研究。

═ 古地圖是怎麼回事 ═

18 世紀初，在土耳其伊斯坦堡的托普卡匹皇宮，有人從土耳其海軍上將皮瑞·雷斯（Piri Reis）所珍藏的物品中，發現了一張奇怪的地圖。後來，在柏林國家圖書館裡，又發現

了兩張也是屬於皮瑞‧雷斯的地圖冊。當時，誰也弄不清它們都是什麼地方的地圖。

　　人類進入太空時代後，所有這些地圖都被送給美國製圖員進行研究。經初步研究後發現，這些地圖上所有的地理資料都是存在的，只是位置有點不對。

　　這些地圖非常精確，它們不僅準確的描繪了南北美洲的海岸線和南極洲的輪廓，更令人吃驚的是，地圖上澳洲和南極洲的連接處，竟與 1969 年美國環境科學管理中測定的這兩個大陸曾經相連接的地方完全相符。

　　這些地圖不僅再現了陸地的輪廓，而且還表現了這些地區內部的地形情況。山脈、島嶼、河流和高原，都極其準確的在地圖上表示出來，甚至人類今天還很少考察過的地方，也在這些地圖上被表現出來。

　　專家們把皮瑞‧雷斯的地圖與今天從衛星上用現代化照相技術所拍攝的地球照片進行了比較，結果發現它們非常相似。

　　雷斯的地圖是古老地圖的翻版，而並不是原版，要想找到地圖的原始作者，顯然是一件非常困難的事，甚至是完全不可能的。不過有兩點是可以肯定的，首先，這些地圖不是地球上人類的祖先所繪製的；其次，地圖是採用最先進的技術從空中拍攝的。這些地圖不論是誰繪製的，還是誰拍攝的，都令人迷惑不解。

造紙術是蔡倫發明的嗎

造紙術是中國古代四大發明之一。提起造紙術，大家便會說，它的發明者是東漢的蔡倫。但是，根據考古新發現，推翻了蔡倫造紙說，把造紙術的發明時間提前了 170 多年。

位於甘肅省安西縣和敦煌市交界處的漢代敦煌郡懸泉置遺址，經過近兩年的考古挖掘，獲得了大量的珍貴文物，在多達 17,650 件的出土物中，內容豐富的簡牘達 1,500 餘件，麻質紙也有 20 多塊。其中，與準確紀年簡牘有共存關係的西漢宣帝 —— 哀帝時期（西元前 73 ～西元前 1 年）有書寫墨跡的麻質紙，它以確鑿無疑的實物證據說明，造紙術早在西漢就已經有人發明。蔡倫大概對造紙術又做了改進罷了。

造紙術是不是蔡倫發明的，還有待進一步考證。

金字塔內是否存在宇宙波

有人曾將數枚生鏽的硬幣放入金字塔內，過了一段時間後，鏽跡斑斑的金屬幣竟然變得光燦燦的了。將一束經過脫水處理的花束放入塔內，它能長期保持原樣，不枯萎，也不褪色。將香蕉放入塔內，10 天後取出，仍保持原有的金黃色澤，果肉仍然厚實、清香，味道新鮮。將兩杯鮮牛奶分別放在塔內外，過一段時間後，發現塔內的一杯仍然保持著新鮮

牛奶的色、香、味，而塔外的那杯卻已經發酸變質了。患有皮膚病的人在塔內進行治療要比在塔外治療效果好幾倍。牙痛、頭痛患者，在塔內坐一會就有非常輕鬆的感覺。

　　這一系列的奇異現象如何解釋呢？許多科學家認為，這是由於金字塔內存在的一種「宇宙波」，或者是「金字塔能」所致。

　　有些科學家解釋說：每座金字塔都是正南正北方向的，這絕非巧合。正南正北是地球磁力線的走向，金字塔便透過一定的方式將磁波匯集到這裡面，並使其對進入塔內的各種物質產生作用。

　　「宇宙波」或「金字塔能」最早是在 1930 年代下半葉由一個名叫博維（Bovis）的法國人提出的。他到著名的古夫金字塔參觀遊覽時，發現在塔高三分之一處的廳堂內有一個垃圾桶，桶內堆放著獵狗之類的小動物屍體。儘管當時溫度很高，但這些屍體竟然沒有腐爛、變質，反而脫水成了木乃伊。

　　這種「宇宙波」或「金字塔能」是一種很複雜的物理現象，目前人類還不能完美的解釋這一謎團。

第三章　科技詮釋

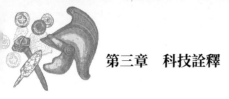

═ 古代的現代化機械裝置 ═══════

1900 年復活節前不久，一隊乘船出海的希臘採海綿的潛水員，發現了一艘沉沒的古船，船上有許多物品。

其中有一件狀如現代時鐘的銅製機械裝置，後來稱之為「安提基特拉機械裝置」。在它的一塊碎片上留有古代雕刻，後來證實是在西元前 1 世紀期間刻上去的，雕刻保存最完好的部分與西元前 77 年前後的一份天文曆類似。

1902 年，考古學家史大理斯（Stais）宣布：這件裝置是古希臘的一種天文儀器。他的看法隨即引起了學術界的爭論。歷史學家開始認為，古希臘不可能有這麼高超的機械工藝，雖然在數學方面成就顯赫，但古希臘並沒有機械製造技術。安提基特拉機械裝置的發現，似乎要打破這一固有的觀念。後來，又有不同意見：有人認為，那個如攜帶型打字機一半大小的機械裝置是星盤，是航海的人用來測量地平線上天體角距的儀器。有些人認為可能是數學家阿基米德（Archimedes）製造的小型天象儀；有些人認為機械裝置如此複雜，不可能是上述兩種中的任何一種。最保守的學術界人士甚至認為，機械裝置是千年後從其它駛經該海域的船隻上掉下去的。

1975 年，安提基特拉機械裝置的奧祕終於被揭開，耶魯大學的普萊斯（Price）教授經過長期的研究，並在希臘原子

能委員會的協助下，用伽馬射線檢查機械裝置的各個部位，了解了 30 多個銅齒輪的結構原理。他認為，這個裝置是一臺電腦，是西元前 87 年前後製造的，用來計算日月星辰的運行。這四件殘缺的機械裝置有結構複雜的齒輪、標度盤和刻著符號的殼板。普萊斯教授把它比作「在圖坦卡門（Tutankhamun）王陵墓中發現的一架噴設飛機」，這的確是一項前所未有的重大發現。

山頭上的線條

1926 年，祕魯考古學家泰羅（Tello）率領一個研究小組來到南部納斯卡鎮附近的一片乾旱高原上進行考察，忽然看見荒原上有許多縱橫交錯的模糊線條，經過考察，發現這些線條是清除了地上的石塊後露出了黃土而形成的。

最初人們認為這些線條是古時候納斯卡人的道路。1920 年代末～ 1930 年代初，考古學家透過飛機飛行考察，發現荒原上除了線條外，還有許多龐大長方形和幾何圖形以及動物圖形，包括猴子、蜘蛛、蜂鳥、鯨。

1941 年，美國考古學家柯索（Kosok）透過許多線條和圖案的研究，認為是用作觀察天象。德國數學家賴歇（Reiche）認為這些線條指向主要星座或太陽，以計算日期。她認為那些圖案代表的是星座，整個複雜的記號網可能是一個巨型日曆。

　　莫理森在一本西班牙編年史裡發現了一點線索，書中記錄了印加帝國首都庫斯科的印第安人如何從太陽神殿出發，踏上伸向四面八方的各條直線，到沿途安設的神龕去參拜。既然納斯卡荒原上的線條穿行於一堆堆石頭之間，那些石堆不就是筆直的神聖路徑連接的神龕嗎！

　　莫理森發現，好幾條連接神龕的路線匯合於一座廟宇。印第安人沿著這些路線前往廟宇，途中不時停下向路邊的神龕參拜。

＝蠻荒非洲的建築奇蹟

　　距離辛巴威南部維多利亞堡東南大約 27 公里，靠近凱爾湖處，有一個名叫大辛巴威的古建築。它是德國探險家卡爾·毛奇（Karl Mauch）在 1871 年發現的。

　　遺址在一片 16.2 平方公里的丘陵地上，三面環山，北面是湖泊，叢林野草掩映著大片石頭建築群。

　　在山谷開闊地上的大圍場，是一座橢圓形的城寨，依山傍崖而建，城牆圍起的城區面積約 4,600 平方公尺。登上這個城，可以鳥瞰四處，城中最顯眼的建築是一座圓錐形實心塔，高 15 公尺，可能是當年王室用來祭祀的膜拜物。

　　距大圍場 2 公里外石壁陡峭的小小石山上，屹立著一座堅固的石堡。堡前只有兩條羊腸小道通到山腳，堡後陡崖絕

壁，野獸也爬不上來。從城頂俯瞰大圍場，一目瞭然；展望外圍，視野開闊。堡牆只開著可容一人側身出入的狹窄石門，正因為如此，早期的考古報告都把它叫作「衛城」，認為它的作用是保衛大圍場的王城。城牆仍舊用片石壘砌，高約 7.5 公尺，底厚 6 公尺多，堅不可摧。更令人驚嘆的是，小城和衛城的牆上都雕刻著精美的圖案。

為何不能達到絕對零度

在物理學中為了研究方便引進了熱力學溫標，把「-273.15℃」稱作絕對零度，作為熱力學溫標的起點。現在人們雖然可以輕易獲得幾百萬度的高溫，但不能把最低溫度降到絕對零度。為此在熱化學裡，有這樣一個定律：「絕對零度是不能到達的。」

科學家們在為爭取達到絕對零度的研究中，發現了一些奇妙的現象。如氦本是氣體，在 -268.9℃時變成了液體，當溫度繼續下降時，原本裝在瓶子裡的液體，卻輕而易舉的從只有 0.01 公釐的縫隙中，很容易的溢到瓶外去，繼而出現了噴泉現象，液體的黏滯性也消失了。

那麼，人們為什麼不能得到「-273.15℃」的溫度呢？

因為低溫的獲得與氣體的液化分不開。氣體的液化就是使分子熱運動減緩，氣體液化的方法是先將另一種氣體液

化（如我們使用的液化石油氣），讓它在低溫下蒸發而使其溫度降低，再用這種低溫物質使需要液化的低溫氣體冷卻。這樣，一種接一種的連續下去，就可不斷得到更低的溫度。這樣看來，低溫似乎是可以無限的降低。但是有一點必須指出，溫度的產生是分子運動的結果，分子運動小，溫度就低，如到達「-273.15℃」，分子就不運動了。而物質都是在不停運動著的，所以說「-273.15℃」是不可能達到。

水晶人頭的考證

1927 年，英國考古工作者米希爾·海德吉茲和他的女兒安娜，在英國杭特利城附近的廢墟進行考察，偶然發現一顆水晶人頭，重約 5 公斤，用大塊水晶仿照人頭骨製成，鼻骨由三塊水晶拼成，眼洞為一塊圓型水晶，牙齒整齊鑲在牙床上。

1954 年出版的《危險 —— 我的道路》一書認為，這顆水晶人頭是 3,600 多年前古人製成的，製作至少費工 150 年，雕刻後用沙粒磨光。

另一些考古學家不同意上述論斷，他們認為，生活在 3,600 多年前的古人，由於受當時科學技術水準尚很低下的條件所限制，不可能製造如此精美的水晶人頭。

　　法國人類博物館裡也珍藏著一顆水晶人頭，據法國一些考古學家考證：「這顆水晶人頭經過科學鑑定，被認為是 14 或 15 世紀墨西哥原住民 —— 阿茲特克人製作的。從歷史和宗教角度分析，猜測它是阿茲特克人的一個祭司牧杖的裝飾，從而證明中古時代阿茲特克人已懂得了水晶的美、水晶的製作技術。」

　　有些學者支持和贊成上述論斷，他們認為，西元 14 至 15 世紀時，阿茲特克人已創造了相當高度的文化，能夠製造質地優良、造型美觀、以褐地黑紋為特徵的陶器，紋樣從多種複雜的幾何圖案發展到花鳥魚蟲等寫實的題材，還能採用天然銅鍛造銅器，在鑄造和模壓黃金的技術方面也有很高的技巧，特別是用羽毛鑲嵌製成的飾物，具有頗高的工藝水準。

　　1978 年，在考古發掘中，墨西哥又發現一塊直徑 11 英尺、重約 10 噸的大型石刻，名之為「月亮石」，這是阿茲特克人於西元 1470 年雕刻成的。從前面所列舉的一些史實，可以證明當時阿茲特克人的科學技術水準已達到很高程度，有能力製作水晶人頭。

　　英國博物館裡也珍藏著一顆水晶人頭。這顆水晶人頭是西元 1898 年從美國紐約「提法尼」珠寶商店購買來的。有些考古學家認為，可能是殖民時代拉丁美洲人製作的。

═ 煤塊中金鍊子的啟示 ═

西元 1891 年 6 月 9 日，伊利諾州的莫里森市，科爾普夫人在煤塊中發現一條約 10 英寸長的金鍊子。

這個金鍊子的發現是與眾不同的：當地煤層的歷史大約在 2.6 億年到 3.2 億年之間。這預示著早在那個時期，就存在著某種文明，它的工藝水準已經達到了金鍊子所呈現的精湛程度。這就說明文明社會的人類早在恐龍時代早期就已存在。

只有有了文化，才能產生工藝技術，而工藝技術發展的最大表現就是無數工具武器、器皿、宗教形象和骨器的出現。

原始人群出於生存的目的，每天不得不與大自然進行抗爭，也正是這種爭鬥促進了他們不斷的發展、進步，進而產生了藝術。經過多年的生活累積，他們逐漸確定了自己所崇拜的宗教形象。把形態各異的宗教形象雕刻於黃金或白銀首飾上，就突出的表現了這種文化的進步。

在原始人群中，打製黃金鍊子是一件專業的、艱鉅複雜的事情，而絕不可能是隨便某一個人簡單的把一些黃金穿在一起，之後便在捕獵猛獁象或霸占他人妻子的時候偶爾戴在他或她的手腕上的。此外，一個做工精緻的金鍊子也不可能由石製工具打製而成。由此可見，這個黃金鍊子代表了一個

已歷經數千年發展的文化。

因此，我們可以初步肯定這個發現證明了類似於此的一個高度發展的文化，早在恐龍時代之前就已存在。當然，這個想法在那些積極維護正統理論的人看來是完全不可容忍的。

沙漠玻璃是從哪裡來的

1932 年 12 月 9 日，在埃及與利比亞邊境高低起伏的沙丘上，埃及沙漠考察隊發現了一些散落在沙漠上的淡黃和青色玻璃狀物體，它們呈透明或半透明狀。這就是人們後來所知的「利比亞沙漠玻璃」。但是沙漠玻璃從何而來呢？這個問題引起了科學家們極大的興趣。

許多研究人員認為，沙漠玻璃是一種熔融石（中國地質界稱之為「玻璃隕石」）。熔融石很像黑曜石，是一種自然黑、深綠色或深黃色的玻璃石，它可能來自地球之外或流星。熔融石是以二氧化矽為主要成分組成。從外形上看，利比亞沙漠玻璃的表面凹凸不平，這是由於有些二氧化矽玻璃受撒哈拉強風的風蝕所引起的。

但是，另外一些科學家不同意這種觀點，因為利比亞沙漠玻璃含矽量比熔融石高，並且沒有發現任何空氣動力作用的痕跡。它的碎片呈片狀，不像熔融石那樣呈啞鈴、長條、

第三章 科技詮釋

球體、圓盤、淚珠等特殊形狀,顏色也不像典型的熔融石那麼深,有些基本上是無色的。

他們推測,這種玻璃可能是由彗星掃過地球的熱浪,或者彗星爆炸強烈作用於地殼的岩石所形成的產物。被熔化的矽玻璃可能流入地勢較低的地區,然後冷卻和凝結形成利比亞沙漠玻璃,之後可能由於風化作用形成碎片。然而,那些反對利比亞沙漠玻璃來源於彗星或隕石的人認為,沙石熔化根本不可能形成如此均勻的玻璃。而支持者則強調利比亞沙漠玻璃的化學成分與附近利比亞沙的化學成分十分相似,它們之間可能有著密切的關聯。

═ 探索印第安人峭壁建築 ═

美國科羅拉多州的峽谷之中,有一片神奇的建築群落。這些神奇的建築就是印第安人阿納薩齊部落的峭壁建築群落。他們的所有建築都修在峭壁之上,是北美著名的文化遺址。

據考證,這個神祕的印第安部落從 2,000 多年前就開始在這裡修建他們的居住地,到了西元 1050 年,他們就已經在這裡建成了 12 座城鎮。從那時起,這裡就已成了這個部落的宗教、政治、商業中心,是一個具有 5,000 多位居民的核心居民點。

　　儘管這個北美印第安人的古代聚居地已經廢棄了 700 多年，但是，建築物並沒有遭受太大的損害。

　　今天人們看到的峭壁建築共有 500 多幢。其中，被稱為「峭壁王宮」的最大建築物，約建成於 11 世紀。它有 200 個房間，是用了幾十萬塊扁石頭和 2 萬多條松木十分考究的修建起來的。

　　在這些建築中還有專門用於敬神的太陽廟以及陽臺屋、雪松塔、落日屋、方塔屋、回音室等等。

　　在峽谷兩側的坡地上還保留著峭壁居民開闢的梯田，谷底有他們修建的水渠。在這裡還發現了一些由他們製作的各種造型精巧的陶器。

　　許多考古發現顯示：阿納薩齊人有著極其豐富的創造力。他們雖然沒有文字和計算方法，但同樣可以成為出色的天文學家。在峭壁上留下的抽象壁畫和人們在谷中發現的他們用綠松石、貝殼製成的精美飾物，都說明他們的文明程度很高，工藝水準堪稱一絕。

＝中國人最先發現美洲大陸

　　一般公認的是，中國與美國的人員往來交流，只是從近代才開始的，中國歷史悠久，美國卻是一個十分年輕的國家，更何況，兩國的地理位置十分遙遠。但是，1982 年在美

國加州南海岸發現的 5 具古代海船遺留下來的古錨，卻使人們的看法發生了變化。

經中美專家共同鑑定，這 5 具石製的古錨，其質地與中國南部海岸及臺灣中、東部的岩石一樣，因此，肯定是來自中國。透過對這些古錨表層的錳礦外衣推測，這些古錨在這裡至今已有 2,000 ～ 3,000 年的歷史了。

為什麼如此久遠的中國古錨，會遺存在遙遠的美洲大洋海底呢？從史料的記載中人們無法找到答案。

於是，有人推測，大約在 3,000 多年前，也就是中國的商殷末年，爆發了一場由武王領導的討伐紂王的戰爭。戰爭的結果是殷軍大敗，敗北的士兵紛紛逃到海上避難。在海上，他們歷盡風浪的顛簸，但卻不敢再回到中國的陸地。求生的欲望使他們向著太平洋的深處不斷前進，希望能夠尋找到一塊落腳之地。在經歷了無數的死亡和艱難之後，只有一小部分人僥倖的漂泊到了美洲海岸，這些石錨就是他們遺留下來的。

這種推測是否正確，尚不得而知，但如果真是這樣的話，則這些來自中國古代的先行者，要比哥倫布發現美洲大陸還要早 2,000 年。

═ 天安門的設計者是誰 ═

天安門的設計者是明代一位傑出的匠師，姓蒯名祥，人稱蒯魯班。

蒯祥是蘇州吳縣香山人，大約生於洪武年間。明永樂十五年（西元 1417 年），蒯祥與大批工匠一道被徵召到北京，承擔皇家建築的施工任務，由於他年富力強，身手不凡，不久被任命為「營繕所丞」，相當於今天的設計師兼工程師和施工員的工作。明成祖朱棣在營建北京時，為了標榜自己的正統性，要求工程建設一律遵循南京舊制。不但要求按南京的「奉天」、「華蓋」、「謹身」三殿建好外朝三大殿，還要按南京宮城的型制，午門前設端門，端門前設承天門。其中的承天門就是後來的天安門。

在這些營建活動中，蒯祥技藝高超，發揮了重要作用，而且他的繪圖能力極強。正因為他不但能夠迅速完成設計任務，而且能理想的貫徹皇上的意圖，所以獲得很大的信任和榮耀。他後來升到工部侍郎，食從一品俸，地位是很高的。可以推斷，承天門的主要圖樣正是出自蒯祥之手。

蒯祥晚年還參與了承天門的第二次建造活動。西元 1465 年，明朝皇帝憲宗「命工部尚書白圭董造承天門」，此時蒯祥已是 80 歲左右的老人了，但他仍「執技供奉」，明憲宗見了他，還是以「蒯魯班」相稱。看來，他至少是發揮了指導

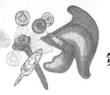

和顧問作用的。

　　此後，承天門與其他宮殿門闕一樣，經過了多次維修。到了清代，順治八年（西元 1651 年），清世祖愛新覺羅·福臨將承天門改為天安門，這個名字一直使用到現在。

＝ 第一臺地震儀的發明 ＝

　　中國東漢時期（西元 132 年），在京師（今河南洛陽）盛傳著一個驚人的消息，說太史令張衡發明了一種儀器，可以測到發生地震的時間和方位。但也有人不相信，認為地震發生在幾百里以外，人怎麼能測出來呢？這不成「決勝千里之外」了嗎？

　　張衡生於西元 78 年，卒於西元 139 年，是中國古代傑出的科學家。他在數學、天文、地震等方面，都有突出的成就。張衡發明的儀器叫地動儀，這是世界上第一臺地震儀。據《後漢書》記載，地動儀以精銅鑄造而成，圓徑達 8 尺，外形像個酒樽，機關裝在樽內，外面按東、西、南、北、東北、東南、西南、西北八個方位各設置一條龍，每條龍嘴裡含有一個小銅球，地上對準龍嘴各蹲著一個銅蛤蟆，昂頭張口，當任何一個方位的地方發生了較強的地震時，傳來的地震波會使樽內相應的機關發生變動，從而觸動龍頭的槓桿，使處在那個方位的龍嘴張開，龍嘴裡含著的小銅球自然落到

地上的蛤蟆嘴裡,發出「鐺鐺」的響聲,這樣觀測人員就知道什麼時間、什麼方位發生了地震。

西元 138 年 3 月 1 日,這臺地動儀西方的龍嘴張開了,銅球「鐺」的一聲落到蛤蟆嘴裡,測知洛陽以西發生地震。但由於洛陽沒有感到震動,所以很多人議論紛紛,說這臺儀器不準。幾天以後,信使飛馬來報,距離洛陽以西 1,000 多里的隴西(今甘肅東南部)發生了大地震,這才使朝廷內外「皆服其妙」。

近代的地震儀在西元 1880 年才製成,它的原理和張衡地動儀基本相似,但在時間上卻晚了 1,700 多年。

= 4,600 年前的現代家電 =

在神祕的古埃及,有許多諸如金字塔、法老魔咒等人類難以解釋的現象,然而這還不夠,人們又在古墓裡發現了長明電燈和遠古彩色電視機。

古墓中照明古燈的發現,說明遠在幾千年前,可能某些古人已經製造出了某種特殊的照明設備和能讓古燈永放光芒的電氣裝置了。只是,查遍現存史料,都找不到有任何試製電器的歷史記載,很多人據此認為:古人絕對不可能有如此高超的電氣技術。

西元 1845 年 4 月,考古學家在羅馬附近發現了一位古代

女子的石棺，石棺內竟有盞明亮的古燈，科學家們推斷它們的發光原理與現代電燈有一點相似之處。

世界著名考古學家威夏勞‧勒加博士又在埃及尼羅河畔一座從未有人發掘的、距今約 4,000 多年的古墓中，竟發現了一臺完好無損的「遠古彩色電視機」。

這臺被發掘出來的電視機只有一條線路，也就是說只能接收一個電視臺的節目。另外，它有四個三角形的螢光幕，螢光幕的四周都鍍上了黃金，它的內部零件竟是目前最先進的鈦金屬製造成的，質地極為堅固，它的動力來源可能是太陽能電池。經科學家透過碳 14 年分的鑑定，證明它已有 4,200 年以上的歷史。

第四章　寶藏密碼

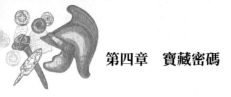

═ 海底藏寶有多少 ═

　　據美國學者對近 2,000 年世界發生沉船事件的統計，世界上大約共有沉船約 100 萬艘之多。據專家估算，沉船埋在海底的寶藏價值在數百億至數萬億美元之間。大家從以下的資料中可見一斑。

　　西元 1512 年，葡萄牙戰艦「海上花」號在馬六甲海峽北方的蘇門答臘水域觸礁沉沒，該船裝載有 20 噸黃金以及數以百計的寶箱，估算財寶價值不少於 90 億美元。

　　西元 1553 年，16 艘西班牙大帆船在德州海域沉沒，船上裝有大量金塊、銀塊、寶石和珠寶，價值高達 30 億馬克。

　　西元 1588 年，西班牙 66 艘「無敵艦隊」在對英戰爭中被擊沉，船上裝有大量金銀首飾、藝術品以及金達克特，其價值無法估算。

　　西元 1614 年，西班牙「門多薩艦隊」沉沒在猶加敦半島外海域。船上載有祕魯黃金、玻利維亞白銀和哥倫比亞綠寶石。總價值達 15 億馬克。

　　西元 1622 年，「我們的阿托查夫人」號帆船，在佛羅里達群島附近海域沉沒。其價值為 3 億多美元。

　　西元 1679 年，西班牙「聖克魯斯」號船在威爾斯附近海域沉沒，船上裝有 220 箱黃金和 2.5 噸白銀，估算價值為 1.1 億馬克。

西元 1683 年，法國海盜船「女騙子」號，被一艘英國戰艦的船員強行占領並擊沉。船上裝有海盜多年搶奪的大量金銀珠寶，價值共計 4.57 億馬克。

西元 1711 年，西班牙大帆船「桑蒂西馬・特里姆達德」號，在航行中遭遇暴風，沉沒於古巴以西 15 海里的海域中，船上裝載寶物價值為 7.41 億馬克。

西元 1752 年，荷蘭商船「海爾德瑪爾森」號，在南中國海觸礁沉沒，船上裝有約百塊金錠、23 萬多件中國青瓷器等，價值連城。

西元 1782 年，英國「格羅斯維納」號觸礁，沉沒在南非聖盧西亞角。船上裝有金塊、錢幣、珠寶和一頂鑲有寶石的王冠，總值約為 1.48 億馬克。

西元 1792 年，西班牙船「普雷西亞多」號沉沒在烏拉圭沿海。這艘船裝有 47 噸黃金、147 噸白銀和一尊金聖母像，總值 4 億美元。

西元 1799 年，英國三桅戰艦「盧提那」號在荷蘭須德海沉沒。船上裝有金條、錢幣等，估價約為 3.2 億馬克。

西元 1857 年，英國巴拿馬班輪公司「中美洲」號在卡羅來納海域因遇颶風沉沒。這艘船裝有 3 噸黃金和其他貴重物品，總值 4.5 億～ 10 億美元之間。

1911 年，美國貨船「梅里達」號與一艘汽輪碰撞後，沉在維吉尼亞海域，該船裝有約值 9 億馬克的金條。

第四章　寶藏密碼

1945 年，日本巨輪「阿波丸」沉沒在中國內海。船上滿載從中國掠奪的 40 噸金錠、12 噸白金、40 箱珍貴工藝品以及幾千噸鈦、鎢、錫等貴重物品，價值連城。

＝海底「巨著」是史前文明嗎 ＝

1985 年，法國職業潛水員亨利‧科斯凱（Henri Cosquer）與 3 位潛水學會的會員，一起潛入地中海索米歐海灣 40 公尺深的海底。在海底，他們發現了一個黑漆漆的洞，洞口四周布滿珊瑚。他們小心翼翼的潛入洞穴，在這 1 公尺寬的水下隧道中艱難的探索。

約半個小時後，他們來到了一個拱形洞窟，這裡的水深僅及腰際，寬約 60 公尺，高 2 ～ 5 公尺不等，洞壁顏色白、藍交雜。鐘乳、石筍如林，景象十分奇特。

他們手持手電筒，沿著堆積方解石的滑溜溜洞底，一步步的向前挪動。突然，他們又發現了一個新的缺口。從缺口望進去，那裡還有一個洞室，30 公尺高的洞頂俯瞰著一個被岩壁包圍著的小湖。這又是一處絕妙的洞窟。

科斯凱把手電筒放在一塊大石上。燈光照在了洞壁上，在黑暗中他赫然看到了一隻手的圖案，他趕緊把洞內的奇妙圖案一一拍了下來。

兩天後，科斯凱到照相館去取洗好的照片，才發現圖案

上的手不只一隻，而是三隻。他想這很可能是古人留下的傑作，他查考了所有能找到的考古資料，可是卻一無所獲。

科斯凱等人再次回到海底，這次他們大獲豐收。在洞窟的西壁有一橫排小馬，是用像炭一樣的黑顏料畫的，畫面上蒙著一層半透明的方解石。洞頂上有一幅巨角黑山羊圖，還有一幅雄鹿圖。東壁上畫著 2 頭大野牛和更多打手印般的手掌，有的五指不全。還有一個貓頭和三個企鵝圖。有些圖畫顯然是部分或者完全重疊在一起，甚至還有怪異的幾何符號。

科斯凱把他的發現向法國的考古研究部門作了報告，但是專家們對此都表示懷疑，因為證據只是一些照片，況且法國東南部從未發現過什麼洞窟壁畫。幸虧史前史研究權威和資深潛水員吉恩·庫爾坦（Jean Courtin）出來為科斯凱辯護，庫爾坦曾在卡西斯灣發現過舊石器時代的遺骨、隧石和木炭等，他知道海底有許多洞穴在幾萬年前原是人類的居所，當時地中海的海岸線是在 100 多公尺以外，後來才被海水淹沒的。法國海底考古專家吉恩·克洛特斯（Jean Clottes）也出面支持，認為雖然年代久遠，在這一帶尋找舊石器時代克羅馬儂人的遺跡幾乎是不可能的，但還是應先派專家去現場勘察，再下結論不遲。

9 月 19 日，庫爾坦等專家隨科斯凱潛入隧道。眼前的景象讓庫爾坦驚嘆不已：「這是歐洲考古史上最重大的發現之一！我從未見到過這樣一類的景象。」壁畫不僅完全像科斯

凱先前所描述的那樣精美，而且這次使用的強力泛光燈還照出先前沒有發覺的壁畫。

經過幾天緊張的鑑定之後，再也沒有人對此表示懷疑了。克洛特斯完全相信從洞中帶回的資料。他說：「馬、野牛、山羊等壁畫和雕刻全部有著舊石器時代的特徵。甚至是按照史前藝術慣例畫出來的。例如，那時候畫的野牛角總是彎曲或半彎曲的，蹄從來不畫出來，腿總是缺掉最後的一截。這一切可以說明它們比著名的拉斯科洞窟壁畫還要早。」

克洛特斯的初步推斷，不久便得到了實驗室測定結果的支持。測驗由里昂市全國科學實驗所技師主持，根據探測年法測定，這批畫已有 18,000 多年的歷史了。

18,000 多年，已遠遠超出人類文明歷史的極限，已變得十分遙遠，科學家還能讀懂這部「洞穴巨著」，還能破解這一史前之謎嗎？

═ 海底城市哪裡來的 ═

1968 年，美國范倫坦博士（Dr J. Manson Valentine）在巴哈馬群島的北彼密尼島附近水底發現了雄偉的海底城牆，它長達 1,600 公尺，每塊石頭有 16 立方公尺之大。繼而又發現了幾個碼頭、一座翼棧橋，顯然這是一座沉沒的港口，同年，他又在北彼密尼島海底發現一座城市，有街道、車站、

城牆等建築物。

1979 年，一位波蘭人發表了一組驚人照片，顯示出此處海底城市，其中有許多大理石雕像和種種器皿。有人在馬尾藻海西部靠近美洲大陸的海底發現了長 300 公尺，高 200 公尺的巨大海底金字塔，它有兩個大洞，海水以驚人的流速從洞中穿出，狂濤洶湧，令人驚嘆不已。

在地中海的聖托里尼島。古代這裡曾產生過高度的文明，在 3,500 年前的一場毀滅性火山爆發中消失了。如今，考古學家們在該島的阿克羅蒂里進行重點發掘，發現了許多精美壁畫，有遠航的船隊、民舍等等。這是否就是亞特蘭提斯人留下的呢？面對發掘現場，人們不禁發問。

現在，古典歷史學家們無論從人類學的觀點出發，還是從地質學的觀點出發，均不能具體的否認亞特蘭提斯的存在。

有一種理論認為，亞特蘭提斯可能是整個美洲大陸，它正好與北非和小亞細亞相加之和大小相等，而且人們已找到了 1.2 萬年以前的象、馬、牛、人類的骨骼化石。

但是，還有另一種理論認為，亞特蘭提斯位於美國佛羅里達州和亞馬遜河口之間，或是地中海的出口處。

據中國西藏的《藏經》記載，西元前 956 年時，在今天巴哈馬群島、加勒比海以及墨西哥灣所處的地方，有一大片陸地可能沉入了大西洋。歷史沒有說明，當時的西藏人是如

第四章　寶藏密碼

何知道發生在地球另一端地殼劇變的。但不管怎麼說，時間完全符合亞特蘭提斯的歷史，地點也完全吻合，這不能不讓人感到有趣。

海底城市到底是哪裡來的？它究竟是不是古代的亞特蘭提斯呢？它又為什麼會沉入海底呢？至今沒人能夠回答。難道說，《藏經》之中所記載的歷史都是想像出來的嗎？

══ 韓國海底基地藏寶有何祕密 ══

據傳，日本在第二次世界大戰期間，曾在侵略戰爭中從中國、朝鮮等處掠奪了大量的金、銀、珠寶等作為軍費之用，並在韓國的釜山市「赤崎灣」的海底建立了一個祕密的潛水艇基地，把掠奪來的財寶都藏在了這個基地中。據說，這批財寶按幣值計算，要值現在的韓幣好幾兆。這件事在韓國引起了廣泛關注。

1982 年 1 月，消息一傳開，韓國的主要大報用「釜山有日本祕密潛水基地」、「去尋找通往一攫千金倉庫的通道」等大標題，對此大肆渲染，更加在民間掀起尋寶熱潮。

據說，日本第 122 特攻部隊司令遺留下來 4 張祕密基地的地圖提到，這裡匿藏著幾百噸金塊，150 噸白銀，還有1,600 顆鑽石，這足夠誘人的。

因為通往基地入口處在韓國部隊的軍營內，百姓是無法

進入的。1982 年 7 月，韓國軍方在強大的社會輿論壓力下，決定向民間發放發掘埋藏物許可證。當時大眾對發掘這批金銀財寶持樂觀態度，可是發掘了一年卻一無所獲。

　　近幾年來，韓國陸軍本部與發掘業者圍繞著發掘許可證問題展開了激烈的爭論。現在，經營中小企業的鄭燦泳聲稱，他在第一次發掘許可證有效期一個星期後，在軍營某地下 10 公尺深處曾發現了祕密基地的入口處，但軍方不允許他再繼續挖下去。他只好於 1990 年 3 月 10 日又向「青瓦臺」軍部提出申辦發掘許可證的申請，但無人答覆，看來這些財寶即使是有，也不知要落入何人之手？又何況財寶的下落尚沒有確定呢。那麼，要看好戲，只有走著瞧了。

═ 費布斯是最早的海底探寶者嗎 ═══════

　　西元 1651 年，費布斯出生在美國緬因州的鄉村，他沒有受過正規的教育，當過造船工人，也做過海盜及販賣奴隸的勾當。他想把自學得到的知識有效的用於海底探查。他先製造了一艘小船，自任船長，並進行了幾次出海航行。在一次去西印度群島的航行中，他無意中聽說在這一帶海域曾沉沒過裝有很多貨物的西班牙船隻。關於這些沉船並未遺留有確切的記錄，但根據傳聞，在 17 世紀中葉，裝載有從印加掠奪的財寶的西班牙平底帆船在此沉沒。他決心探查這些「巴哈

第四章　寶藏密碼

馬附近的黃金船」上的財寶。

　　費布斯為尋求支持者來到英國，榮幸的獲准拜見國王查理二世（Charles II），並被允許租借海軍的洛茲‧歐布‧亞蘭吉號護衛艦作為探查的工作母船。

　　西元 1683 年，費布斯指揮「洛茲」號在古巴島北巴哈馬群島海域對沉船進行調查，由於未發現沉船而決定返回英國，以圖東山再起。雖然這次沒有得到英國皇家方面的支援，但他找到了另外幾位贊助者，並設法弄到了兩艘 200 噸的船，配備了特別潛水設備，重新組成了探查隊。這時，費布斯從乘船由西印度群島來的旅客那裡了解到，自西元 1642 年就杳無音訊的西班牙船隊中最大的船沉沒在伊斯帕尼奧拉島海域。於是，探查船重返巴哈馬海域。他讓潛水員們仔細調查了目的地海底的礁石和裂縫，結果在西元 1687 年發現了一艘覆蓋在珊瑚下面的黑色船體。

　　這一船體傾斜的甲板有十幾公尺長，深度已到當時潛水作業的極限。當時，仍然使用著水面供氧式潛水設備，長長的呼吸管極大的妨礙了潛水員的自由，即使確認了財寶位置，其打撈作業也是十分困難的。為此，在深處利用了潛水球等設備，使作業能夠繼續下來，並且在幾星期以後，成功打撈上來了金銀條。他們用船裝載著 27 噸財寶得意洋洋的返回倫敦。

費布斯探寶成功的消息在歐美廣為流傳。費布斯不僅是最早的海底探寶者，其行為還大大刺激了海洋探險熱和冒險精神，同時，使搜尋海底寶物以發財的願望形成一股不斷高漲的風潮。在倫敦，沉船打撈公司為擴大企業的影響力，曾經在泰晤士河由潛水員向市民們展示其技術。

= 蓋特藏寶在哪裡 =

17 世紀末，海盜四起，許多商船在海上被搶。英國女王為使英國的商船隊免遭海盜襲擊，命令海軍將領蓋特率領艦隊前往印度洋護航。這位身經百戰的蓋特根本不把海盜放在眼裡，他只帶上兩艘快艇在海上游弋。不料，沒過多久便突然受到海盜船的猛烈攻擊。在全軍覆沒的情況下，蓋特怕回去後被女王殺掉，便獨自一人跳海逃生去了。

不到兩年，蓋特憑藉自己的膽略和經驗，很快也成為一個殺人放火掠物的大海盜。5 年之後，他聚斂了無數金銀財寶，並把它們藏在太平洋上一個無人注意的小島上的山洞之中。

這時，蓋特已 55 歲，他決心與海盜生涯告別，他來到美國，與一個波士頓的孀婦結了婚，並在紐約定居，成為該市唯一可以在銀行無限取款的存戶。

他出資修建的舞廳是紐約城最典雅華麗的交際場所，當

第四章　寶藏密碼

時，誰能收到他和夫人的一張舞會請柬，就意味著一個人在
社交界的極大成功。

誰知，好景不長。不到兩年，駐紐約的英國總督逮捕
了他。因為他的海盜行徑被發現了，並將其送交倫敦法庭
審判。

西元 1701 年 5 月 23 日，一輛黑色囚車駛到倫敦中心廣
場的刑臺前。裡面走出伯爵和兩名劊子手。伯爵的胸前掛著
一塊牌子，上面寫著「海盜蓋特」。執行官向他宣讀了死刑
判決書。

然後，執行官又給他一個最後的機會。只要蓋特供出藏
寶之地，便可寬恕他一死。蓋特搖搖頭不答應。執行官一揮
手，劊子手將絞索套進了他的頭顱。

蓋特死了。但是，探索他所藏珍寶的嘗試百年來一直沒
有中斷過，各式各樣的關於蓋特的資料連綿不斷。

西元 1867 年，加拿大工程師馬凱爾的探險隊在蓋特曾工
作過的地方，借助火炬的亮光，發現了一些手提箱，可能是
蓋特遺物。

1930 年，倫敦的古董商赫加金爾特，在一個古舊的海員
皮箱中找到一張藏在雙層底中的海圖，海圖上有蓋特的姓名
縮寫 K・T。但是，無論是島的名稱，還是它的座標都沒有在
圖上標出。

1971 年 8 月，人們在某海沿岸水下攝影時曾發現類似山洞的地方，裡面發現了一些箱子之類的東西，但在爆破山洞時，由於爆破力太大而毀壞了修建的排水系統，以致海水倒灌而淹沒了山洞。

直到 1980 年代，擁有聲納、紅外線電視、金屬探索儀以及其他各種最現代化儀器的美國特立通股份公司，聲稱發現大西洋中一個名叫「奧伊克·阿連德」的小島，就是蓋特藏匿珍寶的寶島。

特立通公司計劃花費 200 萬美元，在島上進行探寶工程。董事戴維德充滿信心的說：「我們一定能揭開這個近 300 年來最激動人心的祕密。預估利潤將達 5,000 萬美元。」

到 1989 年為止，特立通股份公司探寶還沒有結果。一旦發現蓋特的珍寶，相信一定會轟動全世界。因為蓋特所掠奪的珍寶中有一些是歷史上著名的文物，是真正的無價之寶。

═ 誰拿走了「阿波丸」黃金 ═══════

1944 年底，二戰即將結束，日本帝國主義瀕臨失敗的邊緣，尤其是其海上運輸線已被完全切斷。美國政府怕日本政府窮凶極惡，迫害戰俘，遂透過中國和瑞士從中斡旋，允許日政府動用少量運輸船。「阿波丸」就是其中的一艘。

「阿波丸」通體乳白色，被稱為「幸運之神」。1945 年 2

第四章　寶藏密碼

月 17 日，「阿波丸」裝載 800 多噸物資，駛向東南亞，並從東南亞帶回 2,000 多名乘客。同時，它還祕密裝運了 300 噸橡膠、3,000 噸錫錠、2,000 噸鎢、800 噸鈦、40 噸黃金、12 噸白銀、50 箱工業鑽石、50 箱珍珠瑪瑙和部分貨幣，總數達 50 億美元之鉅。

4 月 1 日傍晚，「阿波丸」駛入臺灣海峽。晚上 10 點，在那裡巡邏的美國「皇后魚」號，未經請示，也未示警告，突然向「阿波丸」發射了 3 枚魚雷。隨著 3 聲巨響，「阿波丸」斷為兩截，慢慢的沉入海底。整艘船隻無一人生還。

「阿波丸」在海底沉睡了 32 年後，1977 年，中國政府向世界公布，準備打撈「阿波丸」沉船。此項工程稱為「7713 工程」。1977 年 3 月，中國打撈公司的調查船和海軍合作，奔赴沉船地帶。經過一個多月的勘察、測量，終於在 5 月 1 日發現了目標。

如果說發現目標是個困難的過程，那麼，打撈則是個艱險的歷程。一直到 1980 年 7 月 6 日，整個「阿波丸」才得以重現天日。

但疑惑也隨之而來。對照當年的存貨紀錄，貨物全部找到，但獨獨沒有那 40 噸黃金。從「阿波丸」裝上貨到被擊沉，中間並未停過船，那麼 40 噸黃金怎麼會不翼而飛了呢？這不僅令中國政府困惑，也為世界不解。究竟是誰拿走了這 40 噸黃金，則仍然像沉在海底的謎。

張獻忠在錦江有藏寶嗎

明末農民起義領袖張獻忠，曾與李自成齊名，他率領的農民軍經過奮戰最後占據四川，建立了大西政權，後來被清軍剿滅。相傳張獻忠在戰敗之前曾把億萬金銀窖藏於四川某處。幾百年來，有許多人垂涎這筆鉅額財富，可惜都勞而無功，至今沒有人找到它。

所謂窖藏就是在地下或山中掘穴藏寶的方法。古代人都是用這種方式貯存和收藏財富的，作為雄踞一方的大西皇帝張獻忠窖藏其寶，也在情理之中。

而且，多種歷史文獻中都記載了張獻忠藏寶的事。私家著作《鹿樵紀聞・獻忠屠蜀》中記載：清順治二年（西元 1645 年），張獻忠「用法移錦江，涸其流，穿數仞，實以精金及其他珍寶累億萬，下土石築之，然後決堤放水，名曰『錮金』。這不僅說明了張獻忠藏寶的數量，還寫明了他藏寶的地點和方法。設法移開錦江水，在江底下窖藏財寶的說法，在其他私人著作中也常常提到。《平冠志》卷十二中說，張獻忠「用法移錦江，而涸其流，下穿數仞，實以黃金寶玉累億萬，殺人夫，下土石鎮之，然後決堤放水，名曰『水藏』」。這比前一篇文獻說得更細。只是作者自稱是引查繼佐的說法，可是查繼佐的明史著作《罪唯錄》中並無這種記載。上面的說法很像是傳聞。

第四章　寶藏密碼

　　不過，清朝的《明史》編撰者對上面的說法持肯定態度。《明史‧張獻忠傳》說：「又用法移錦江，涸而闕之，深數丈，埋金寶億萬計，然後決堤放流，名『水藏』，曰：『無為後人有也』。」就是說張獻忠將其金寶窖藏在錦江下的人工洞穴中，利用江水為天然屏障以阻止後人發掘。前面文章中提到的「錮金」指的也是利用天然屏障阻止有人獲取金寶。

　　這些史料記載，在肯定張獻忠窖藏巨寶的同時，又對那些尋寶人出了一個極難解決的難題。面對奔流不息的江水，誰會無慮直前呢？

　　但是，如前所述，垂涎這筆鉅額財富的仍然大有人在，連清政府也動過一番腦筋。道光十八年（西元 1838 年），官府曾派某道員到錦江實地勘察，因為找不到藏寶的確切地點，所以沒有進行下去。咸豐三年（西元 1853 年），清政府財政困難，一些大臣重提張獻忠藏寶之事，咸豐皇帝也動了心，命令成都將軍裕瑞「悉心訪察，設法撈掘，酌量籌辦」，可後來也不見下文。到底錦江底下有沒有鉅額財寶呢？現在仍然是只有天知道。

　　不過，關於這筆財富，正史、野史，乃至清朝文人的筆記都有所記。至今成都一帶還流傳著「石牛和石鼓，銀子萬萬五」的民謠，說的是只要找到了錦江下的石牛和石鼓，就

能找到張獻忠窖藏的數以億計的金銀。輕易下結論否定張獻忠藏寶之說，也不會說服所有的人。

　　或許，有一天人們能有機會在錦江江底自由勘察，最後揭開張獻忠藏寶之謎。

＝ 魯賓遜島上的 846 箱黃金在哪裡 ＝

　　從 1940 年開始，魯賓遜克魯索島突然變得熱鬧起來，一批又一批尋寶者帶著大量的古代文獻資料和現代化的開採工具來到這個小島，開始在島上各處日夜不停的挖掘。

　　他們在尋找什麼呢？

　　原來，有人根據古代史料發現，200 多年前，英國海盜安遜曾在這個小島埋藏下 846 箱黃金和大量的寶藏。

　　喬治‧安遜是位被英國女王加封的勛爵，但他同時又是一個聲名顯赫的海盜。西元 1774 年，英國海軍部委託這名海盜去掠奪非洲南部西班牙帆船和殖民地上的財物。他所率領的中型艦隊由 8 艘作戰能力很強的艦船組成，這支海盜隊伍曾令所有過往的西班牙商船聞風喪膽。

　　當年，安遜就是把魯賓遜克魯索島作為他的大本營和避難所，他們每次對西班牙船隻實施搶掠，都是從魯賓遜克魯索島出發。

　　安遜船長最為成功的一次勝仗，是對西班牙運寶商船的

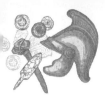

第四章　寶藏密碼

一次搶掠。據說，他那次共搶得 846 箱黃金和寶石，每箱重 1,300 公斤，總價值高達 100 億美元，屬於歷代以來最為龐大的一筆海盜財寶。

西班牙當局決心追回這一大批黃金。於是他們當即派出一艘軍艦，在太平洋洋面上對安遜船長駕駛的「烏尼科尼奧」號帆船窮追不捨。但安遜絕不是等閒之輩，作為世界上著名的航海家，此人有著豐富的航海和戰鬥經驗。西班牙當局對其戰艦的命令是「不把搶走的黃金追回來，不懲罰安遜，絕不罷休」。於是，雙方在海上開始了一次又一次的較量。有兩次，西班牙軍艦就像獵狗一樣眼看就要咬住安遜的帆船，都被他又奇蹟般的甩掉了。當然，安遜的帆船畢竟不是西班牙戰艦的對手，加之他的船上裝載著 1,100 噸的黃金，負載太重，航行起來就不夠靈活。他自己十分清楚這樣和西班牙軍艦追逐，早晚要被吃掉。於是，便命令部下神不知鬼不覺的撤回到魯賓遜克魯索島的一個平時熟悉的海灣裡悄悄隱藏起來。

根據西班牙檔案史料記載，安遜的帆船只在這個小海灣度過了一個平靜的夜晚，第二天清晨，船員們就發現了跟蹤追來的西班牙軍艦。

安遜隨著船員的驚叫聲來到甲板上，從望遠鏡裡，他清楚看到前方出現了一艘很大的艦船，船的桅杆很高，船舷上

裝有一排威力強大的大砲。毫無疑問，西班牙軍艦已追隨他們來到魯賓遜克魯索島海灣。

此時，安遜的帆船由於滿載著 1,100 噸黃金而根本無法遠行。儘管他也希望不會被西班牙人發現，但這只是一廂情願，而一旦被發現，他們就不可能從西班牙戰艦的大砲下逃脫。

最終，他打定主意，把這批黃金轉移到魯賓遜克魯索島上。

於是，他們放下小船，海盜們把裝滿首飾和金銀珠寶的箱子和桶從大船的艙室裡運出，借助於從舷牆上放下的踏板繩梯，把箱子和桶卸載到小船上。漸漸的，滿載著黃金和寶石的小船駛離了大船的背風處，奮力向小島划去。登岸後，海盜們抬著全部用鐵圈箍住的沉重的大箱子和木桶，進入了熱帶灌木叢中。有人在前面用大刀開路，一連數小時，他們在熱帶原始叢林中艱難的行進。這支隊伍在島上前進唯一依賴的指南是安遜在島上逗留時繪製出的一張地圖。

夜幕降臨後，他們點燃起火把，繼續在密林中艱難的前進著。終於，他們爬上了島上的一座 170 多公尺的高山。安遜在山頂找到了一個自以為十分可靠的地方，他謹慎的巡視了周圍的環境後，發現了一個適合藏寶的地點，並下令把寶藏埋藏在那裡。隨後，海盜們便開始拚命的挖掘。他們用了

第四章　寶藏密碼

整整一夜的時間，終於挖出了一個上下垂直達 7 公尺深的洞穴。安遜再次仔細觀察了一下洞穴周圍的環境，詳細記下了途中仔細觀察過的各種地形地貌特徵，把它們一一記錄在羊皮紙上。直到他相信以後一旦時機成熟來到了這個小島，借助他現在所畫的藏寶圖的指引，肯定能找到這個祕密地點之後，才命令海盜們吃力的把那些沉重的箱子和桶挪到洞穴邊，然後借助乾厚木板和繩索將它們放入了洞穴。隨後又在上面覆蓋上石頭和一層厚厚的泥土，最後在上面用雜草把他們藏寶的痕跡徹底消除乾淨。

當這一切都做好時，天剛濛濛亮。看著陰暗的天空，安遜知道上午肯定會下一場大雨，到那時雨水會沖刷一切痕跡。假如不帶著安遜的這張藏寶圖，任何人都無法找到這個藏寶的地點。

時來運轉，由於安遜的「戰績」顯赫，這位大名鼎鼎的海盜，後來被英國女王封為勛爵，從此飛黃騰達。可是以這麼冠冕堂皇的身分，安遜只能總是玩味著他那張當年畫下的藏寶圖，卻再沒有機會到魯賓遜克魯索島來尋找那批黃金了。而除了他之外，別的任何人又不能找到那批黃金和寶石。

在他將那批黃金和寶石埋藏在魯賓遜克魯索島上 200 年之後，1940 年，這個小島開始變得熱鬧起來，一批又一批各種身分的尋寶者帶著不知從哪得來的大量的文獻和史料來

到魯賓遜克魯索島，開始搜尋那裡的每一寸土地，日夜不停的挖掘。然而，經過幾年折騰之後，這些人全都兩手空空的離開。

轉眼又過了 40 年，到了 1980 年代，魯賓遜克魯索島上的一場瓢潑大雨再次點燃起尋寶者熱情的火焰。原來，大雨在島上造成了泥石流，雨過天晴之後，有人在山谷中意外發現了裸露在外的好多銀條和少數幾粒紅寶石。於是，人們立刻聯想到是大雨把安遜當年埋藏的寶藏從高處沖刷出來又散落在山谷裡。這個消息沒幾天就像長了翅膀。隨即，大批的尋寶者再次來到這個小島，但是他們又一次失望而歸。

10 年之後，一位荷蘭裔的美國人貝爾納得・凱澤不知怎麼對安遜當年埋藏的黃金產生了強烈的興趣。他從島上唯一一家旅店的老闆娘那裡獲得了關於「安遜黃金」的消息，便立即開始了搜尋，並自稱找到了那個當年埋寶的深達 7 公尺的藏寶洞的確切地點。

智利政府相關部門得到了這個消息後立即聲明，這個島屬於智利領土，沒有智利政府批准，任何人不得私自挖掘寶藏。隨後，他們和這個美國人開始了艱難的談判，最後雙方達成協議：假如他找到那 846 箱黃金，必須把所得寶藏的 75％歸智利政府及魯賓遜克魯索島上的居民，剩餘的 25％歸他自己所有。

第四章　寶藏密碼

　　貝爾納得‧凱澤的挖掘小組開始尋寶，他們用小型推土機等現代化挖掘工具在山頂上晝夜不停的開始挖掘，但地下除了石頭還是石頭，最後只好宣布放棄。智利政府等待的利潤分配也泡了湯。

　　當然，這個美國人走了，並不等於別的尋寶者不來。可以確信，在以後的歲月中，只要傳說中安遜的那 846 箱黃金不見天日，魯賓遜克魯索島就永遠無法安靜。

═ 尋找琥珀屋的下落 ══════════

　　琥珀屋，於西元 1709 年建成，因其屋內所有鑲板都是用上等琥珀精製而成而得名。製造這座豪華居室整整用掉了 36 噸琥珀，價值 5,000 萬美元。製造者為了增加室內亮度，在所有的板上裝飾了銀箔，這更使它成為堪稱一絕的世界級珍寶。

　　琥珀屋的建造者是以追求豪華生活而聞名於世的普魯士國王腓特烈一世（Friedrich I）。西元 1717 年，腓特烈一世為了感謝俄國的彼得大帝（Peter the Great）打敗瑞典，除卻了普魯士的心頭大患，同時也為了獲取俄國的保護，就把這件稀世珍寶連同一艘豪華遊艇一起送給了沙皇。

　　彼得大帝不久後就逝世了，繼位的葉卡捷琳娜女皇（Catherine I）接受了這件珍寶。她把琥珀屋運到查斯科耶西

洛，安裝在皇宮內。為了抬高天花板和增加門窗，原來的琥珀板就不夠用了。俄國的設計師又特製了一些窗間鏡，它們的豪華精美更使琥珀屋的神韻倍增。

1941 年，在第二次世界大戰中，德國軍隊以閃電戰迅速攻陷了查斯科耶西洛，占領了葉卡捷琳娜的皇宮，來不及轉移的珍寶琥珀屋落到了德國軍隊手中。德軍立即把它拆卸裝箱運回柯尼斯堡，仍舊安裝在普魯士王宮原來的地方。

1945 年，德國戰敗前夕，蘇軍攻入東普魯士地區後不久，琥珀屋又一次被拆卸裝車，由希特勒（Hitler）的軍隊押運轉移。從此，琥珀屋就在這個世界上銷聲匿跡了。

戰後，蘇聯政府為尋找琥珀屋下落，專門組織了調查委員會。這個委員會進行了長期、大量的調查，可是，琥珀屋就像是從地球上消失了一樣，難以找到。

1949 年，一位德國人為委員會提供了一個消息，說琥珀屋被沉在了波羅的海的海底。在他的指引下，委員會組織了打撈工作，經過一番努力共撈出來 17 個大箱子，可是十分遺憾，裡面裝的並不是琥珀屋。

二次大戰剛結束，委員會就找到了一直為納粹德國經手管理琥珀屋的德國考古學家羅德博士，想從他那兒了解到琥珀屋的線索。委員會像對待所有科學家那樣對他以禮相待，可是，就在他似乎想說點什麼時，竟突然和他的妻子一道暴病身亡。

第四章　寶藏密碼

　　儘管如此，委員會尋找琥珀屋的工作仍一直沒有停止，這期間得到了許多人的熱情幫助，其中也包括許多德國人。他們提供了很多線索，使尋找工作不時地出現希望，可是又一次次失望，終沒有找到。後來，一封德國人的來信，使人們對琥珀屋仍完整地存在於世上充滿了信心。

　　這位名叫魯道夫・林格爾的德國人在信中提到了他的父親，一位在戰爭中當過希特勒衛隊和祕密警察的上校軍官的德國人。這位名叫喬治・林格爾的德軍上校，掌管著一支由中央帝國安全局直接領導的特種部隊，主要活動在德國國內和被德軍占領的外國領土上。信中不僅提到這位林格爾上校在戰爭中得了不少勛章和獎章，還講述了林格爾上校和琥珀屋發生過的一段關係。從信中的內容可知，林格爾上校和他的特種部隊直接執行了藏匿琥珀屋的任務。他們是根據德國中央帝國安全局的命令轉移和藏匿琥珀屋的，而且，很顯然，琥珀屋是被藏匿，而不是被銷毀了。

　　這封信最重要的價值是其中附帶著 3 份證明信的內容的原始文件。這就增加了信中所述內容的可信度。

　　這些文件表明，琥珀屋正藏在德國某城市中的一個舊地下室中，地面部分已經被炸毀並進行了偽裝。現在，時間已過去了幾十年，又沒有具體的地址線索，看來，尋找起來也是十分困難的。真是一失落蹤跡再難尋。

大隧道中的豐富財寶

一直以來，位於聖地牙哥省內厄拉吉爾、聖安東尼、尤貝 3 個城市交界處的大隧道內的豐富財寶吸引著無數專家、學者。1972 年 3 月 4 日，由厄瓜多爾考古學家法蘭士和馬狄維組成的科學調查小組，在莫里斯的帶領下，再次對大隧道展開調查。

傍晚，調查隊員鑽進了神祕莫測的地下世界。進洞後是一段狹長的通道，伸手不見五指，他們開亮手電筒和頭盔上的照射燈。接著隧道便垂直往下，他們把一條繩子垂到下面 75 公尺的第一個平臺上，然後沿繩而下。

接著，他們又沿繩垂直下到第 2 平臺和第 3 平臺，每臺高度都達 75 公尺。下到洞底，莫里斯領頭摸索前進。法蘭士注意到隧道的轉角處都呈直角形的嚴謹設計，有些很窄，有些又很寬，所有洞壁都很光滑，洞底非常平坦，很多地方像塗了一種發光塗料。很顯然，這隧道並非天然形成的。

法蘭士試圖用羅盤測量這些通道的方向，但羅盤指針不會動。「這裡有輻射，所以羅盤失靈。」莫里斯解釋說。在其中一條通道的入口處，有一副骸骨精心擺放在地上，上面灑滿金粉，在調查隊員的燈光照射下閃閃發光。

莫里斯和法蘭士以及馬狄維發現了很多意外的東西。洞裡出奇的靜，只有腳步聲、呼吸聲以及雀鳥飛過的聲音。他

第四章　寶藏密碼

們目瞪口呆的站在一個龐大廳堂的中央。

　　這個大廳的面積約為 140×150 公尺。大廳中央有一張桌子，桌子的右邊放有 7 張椅子。椅子既不像用石頭、木材做的，也不像用金屬做的，它摸上去好像是一種塑膠，但卻堅硬、沉重得像鋼。

　　在 7 張椅子後面，毫無規律的擺放著許多動物模型，有蜥蜴、象、獅子、鱷魚、豹、猴子、美國野牛、狼、蝸牛和螃蟹。最令人驚異的是這些動物都是用純金做成的。在桌子的左邊則擺放著莫里斯的地契所提及的金屬牌匾及金屬箔。金屬箔僅幾公釐厚，65 公分高，18 公分寬。

　　法蘭士經過仔細檢查仍無法知道這些牌匾在製造時使用過什麼原料。因為那些金屬箔看起來很薄且脆弱，但豎起來卻不彎曲。它們像一本對開本的書籍那樣擺放著，一頁連著一頁。每塊金屬箔上都井井有條的排滿像用機械壓上去的文字。

　　法蘭士估算金屬箔至少有兩、三千塊，在這些金屬牌匾上的字體無人知曉。他認為這間金屬圖書館的創立者肯定想把一些重要的資料留傳給遙遠的未來，使其永垂不朽。

　　莫里斯在大廳找到一個 11.43 公分高、6.35 公分寬的石刻，正面刻著一個身軀為六角形、頭為圓形的人，右手握著一個半月，左手則拿著太陽。令人驚奇的是，這個石人的雙

腳竟站在一個地球儀上。這石刻約在西元前 9000 年～西元前 4000 年做成，這說明那時的先民便知地球是圓形的。

法蘭士認為這個隧道系統在舊石器時代已經存在。他拿起一塊刻著一頭動物的石刻，它有 29.21 公分高，50.32 公分寬。畫面上所表現的動物有著龐大的身軀，正用牠粗大的後腿在地上爬行。法蘭士認為石刻畫的是一條恐龍。法蘭士不敢再想像下去：難道有人曾經見過恐龍？

還有一塊神祕石刻，刻畫的是一具男人骨骼。法蘭士仔細數了一下，感到很吃驚，這石刻人的肋骨數竟為 12 對，是如此的準確。莫里斯又讓法蘭士看了一座廟宇的模型，上面繪有幾個黑臉孔的人像，頭戴帽子，手持一種槍形的東西。

在廟宇的圓頂上，還繪有一些人像在空中翱翔或飄浮著。令法蘭士驚異的是這個廟宇的模型，可能是圓頂建築最古老的樣本。此外，一些穿太空服的人像，更是讓法蘭士不可思議。

一個有著球狀鼻子的石刻人跪在一根石柱下，他頭戴一頂遮耳頭盔，極像現在我們用的耳機；一對直徑 5 公分的耳環則貼在頭盔前面；耳環上鑽有 15 個小洞；一條鍊子圍住他的脖子，鏈子上有個圓形牌子，上面也有許多小孔，很像現在的電話鍵盤。

這個隧道和它裡面收藏著的稀世奇珍，可以說是前所未

見。那些 1.8 公尺高的石像有的有 3 個腦袋，有的卻是 7 個頭顱；三角形的牌匾上刻寫著不為人知的文字；一些骰子的 6 個面上刻著一些幾何圖形……

沒有人知道，這個隧道系統是誰建造的，也沒人知道這些稀世奇珍是誰遺留下來的。

帶著龐大的疑問，調查隊沿原路退出洞穴，又趕往位於厄瓜多爾古安加的瑪利亞教堂，因為基利斯貝神父收藏著許多來自隧道的珍寶。

法蘭士注意到一塊金板，52 公分高，13 公分寬，1.3 公分厚，上面有 56 個方格，每一格都刻有一個不同的人像。法蘭士在隧道的金屬圖書館裡的那塊金箔上，曾見過一模一樣的人像。看來製造者似乎要用這 56 個符號或字母組成一篇文章。

這一重大發現似乎否定了過去一直認為南美的文化是沒有字母或形象的說法。

最令人吃驚的是一個純金製成的女人像。她高 30 公分，頭像兩個三角形，背後銲接著一對細小的翅膀，一條螺旋形金線從她耳朵裡伸出來。

她有著健康、發育完美的胸部，兩腳跨立，但無兩隻手臂，穿著一條長褲，一個球形物浮立在她的頭頂上面。法蘭士感到她兩邊的星星透露出她來自何處。那是一顆隕落了的星球嗎？她就是從那顆星球來的嗎？

接著，馬狄維又看到一個直徑 21.25 公分的銅餅，上面圖案清晰，刻著兩隻栩栩如生的精蟲，兩個笑著的太陽，一個愁眉苦臉的半月，一顆巨大的星星和兩張男性三角形臉孔。銅餅中央有許多細小而突出的圓狀物，其含義沒人能理解。

基利斯貝神父收藏的大量金屬箔上面均刻有星星、月亮、太陽和蛇。其中一塊金箔的中央刻有一個金字塔，兩邊各刻有一條蛇，上面有兩個太陽，下面是兩個太空人似的怪物及兩頭像羊的動物，金字塔裡面是許多帶點圓圈。

在另一塊刻有金字塔的金屬箔上，兩隻美洲豹分別爬在金字塔兩邊，金字塔底刻著文字，兩邊可以見到兩頭大象。據說大象在 1.2 萬年前即在南美出現，那時地球上還沒有產生文明。

最讓法蘭士震驚的是，他在基利斯貝神父這裡見到了第3 架史前黃金模型飛機。他看到的第一架是在哥倫比亞的保華達博物館見到的，第 2 架則仍放在大隧道裡。多年來，一些考古學家把模型飛機看成是宗教上的裝飾品。

紐約航空機械學院的亞瑟‧普斯里博士經檢試認為，把這架模型飛機看成代表一條魚或一隻鳥顯然站不住腳。從模型幾何形的翅膀、流線型的機頭及有防風玻璃的駕駛艙看，很像美國的 B-52 轟炸機，它確實是架飛機的模型。

　　難道史前便有人能夠構想出一架飛機的模型？一切都無定論，一切都是謎團。迄今為止，人們仍無法確定或找出這隧道系統究竟是誰建造的。而在隧道裡面，又存放著那麼多無從稽考的珍品，這一切意味著什麼呢？

＝ 亞伯拉罕石下的財寶 ＝

　　亞伯拉罕岩石是一塊長 80 公尺、寬 12 公尺、厚 2 公尺的花崗岩石，安放在信奉基督教的猶太人和信奉伊斯蘭教的阿拉伯人奉為聖地的寺院內。

　　很久以前，有個被猶太教徒和基督教徒尊為「信仰之父」的人，名叫亞伯拉罕（Abraham），他遵照神的旨意，在這塊岩石上用火灼烤自己的獨生兒子以撒（Isaac）。神對亞伯拉罕的堅定信仰極為讚賞，把他的兒子從火中救了出來，並傳下旨意：「今後，亞伯拉罕的子孫將在這塊土地上世代繁衍。」於是，那塊岩石遂被稱為亞伯拉罕岩石。

　　之後，亞伯拉罕子孫中產生了名震遐邇的猶太國王達庇代·所羅門。國家空前強盛。3,000 多年前，所羅門以神聖的亞伯拉罕岩石為中心建造了宏偉的神殿，對猶太人來說，至關重要的「契約箱」就安放在神殿內。

　　距今 2,400 年前，巴比羅尼亞耐希卡耐扎爾的軍隊推翻猶太統治時，所羅門的神殿被毀。混亂之中，「契約箱」和

無數所羅門的財寶下落不明。之後，耶路撒冷幾度淪為戰場，遭到戰火的侵襲。最後，占領城市的伊斯蘭教徒也以亞伯拉罕岩石為中心建造了伊斯蘭教的寺院。

到了 20 世紀，有幾位學者指出：亞伯拉罕岩石下面有個洞穴，下落不明的「契約箱」和無數財寶可能就藏在那裡。有個名叫哈里巴頓的美國人聽到消息後，立即與另一個夥伴一起尋找所羅門的寶藏。

兩人經過長期調查，發現有一條祕密坑道從舊耶路撒冷城內通過地下隧道可以到達山谷。他們瞞過眾人耳目，渡過位於凱德隆山谷底部的山泉，到達前方的洞穴。兩人打著手電筒，在通向深處的坑道裡向前摸索，但是在 150 公尺左右的地方，道路阻塞了。從那裡往上有階梯，都被砂石所堵，寸步難行。哈里巴頓只得從原路返回。當他們打算第二次探險時，由於乘坐的帆船沉沒，不幸身亡。這次計畫最終未能如願以償。他們第一次探險的路徑，人們至今不得而知。「契約箱」和所羅門的無數財寶是否真的藏在亞伯拉罕岩石下面，還有待後人前去尋覓。

═ 南越王的寶藏之祕 ═

趙佗原為秦朝將領。秦朝末年，中原動亂，趙佗在嶺南建立了割據政權 —— 南越國，自命為南越武王，他治國有

第四章　寶藏密碼

方，不久，嶺南一帶便逐漸繁榮起來。

　　西元前 137 年，趙佗逝世，終年 100 歲。他在生前就對自己的後事做了十分周密的安排，選擇了迥異於當時習俗的方法 —— 祕密埋葬。為防盜墓，還設了許多疑塚，因為在趙佗的墓中，埋藏了大量他生前喜好的奇珍異寶。

　　由於趙佗的墓地十分神祕，其確切地點一直說法不一，而其墓中的寶藏更令許多人心馳神往。三國時期，吳主孫權為找南越王的寶藏，派特使呂瑜帶兵數千人，到嶺南一帶，鑿山破石，掘地三尺，幾乎刨遍了廣州附近的大小山崗，結果一無所獲。此後，歷朝歷代又有不少人，根據各種記載，前來嶺南尋寶，但都是枉費心機。

　　近 30 多年來，隨著現代考古學的發展，趙佗墓成為考古工作者的重點考察對象，他們在廣州找到了數百座南越王國的墓葬，出土了不少有價值的文物，但仍然找不到趙佗之墓的影蹤。1983 年 6 月，考古工作者在廣州解放北路的象崗，發現了趙佗之孫南越文王的大型石室墓，此墓鑿山為陵，深藏於象崗腹心 20 公尺處。

　　這一重大發現，極大的鼓舞了考古工作者，增添了他們對尋找趙佗墓的信心。以前大家一直以為，趙佗墓會離廣州城很遠，透過此次發現，大家又有了新的認知，推測南越王之墓也可能就在廣州城附近越秀山下。我們期待著南越王的寶藏，得以早見天日。

═ 赤城山深藏的黃金 ═══════════

　　赤城山是日本的一座金庫，藏量極為豐富。據估算黃金藏量高達 400 萬兩，折合日圓約 100 萬億。而 1987 年日本的財政預算為 54 萬億日元。

　　赤城山盛貯黃金，大約是 19 世紀萬延元年的事。當時日本政權由幕府控制，世界銀行金銀兌率為 1:15，而日本僅為 1:3，日本國內存有的黃金大量外流。由於「硬通貨」的劇烈流失，不利於當局貯備財產，幕府最高執政官「大老」井伊直弼便以貯備軍費的名義，親自控制赤城山整個黃金貯藏計畫。

　　赤城山被選為黃金貯庫，原因有四：（一）它是德川幕府為數較少的直轄領地之一。（二）它屬德川幕府的「根據地」，易於保守機密。（三）地理極具優勢。它地處根川與片品川兩河之間，四周是延綿起伏的高山，實是一個易守難攻的所在地。（四）它是德川幕府垮臺之時全線崩潰的最後憑藉之地。其實當時中下層武士業已立意打倒幕府統治而實行革新。

　　西元 1860 年 3 月 3 日，正當井伊祕密藏金之際，改革派武士便將其刺死在江戶（今東京）的櫻田門外。他死後，屬下小粟上野介和林大學頭繼續執行埋金計畫。直到西元 1860 年代末，倒幕派獲得勝利，屬於幕府的江戶時代宣告結束。

第四章　寶藏密碼

西元 1868 年 7 月，明治天皇出掌大權，改江戶為東京，赤山城的藏金祕密遂成一個世紀之謎。

據埋金計畫執行人之一玉總兵衛在其所著《上野國埋藏理由略述書》記載，這批鮮為人知的作為軍費而埋藏的黃金總數到底有多少：當時從江戶運出了 360 萬兩黃金；小粟上野介的僕人中島藏人，在遺言中又說到還曾從御金藏中運出 24 萬兩黃金，加上其它的金製品，總共藏貯量達 400 萬兩之鉅。100 多年來，有不少探寶者妄圖一夜之間成為巨富，紛紛到赤城山考查。明治三十七年，即 1905 年，一對老夫婦有幸在此撿了幾個裝有黃金的木樽；昭和三十七年又有 57 枚日本古時純金薄片在一次修路過程中被發現。

證實這些橢圓形的金片為古幣，其實要算水野一家祖宗三代。第一人水野智義是中島藏人的義子，中島藏人臨終前曾告訴他，赤城山藏有德川幕府的黃金，藏寶點與古水井有關。於是，水野智義便萌發了尋找赤城山黃金的念頭。他變賣家產籌款 16 萬日圓，開始調查藏寶內幕，得知西元 1866 年 1 月 14 日，有 30 名武士僱了七、八十人在津久田原突然出現。運來極其沉重的油樽 22 個，重物 30 捆，在此處逗留近 1 年。他們祕密的分工行動，不少當事人是幕府的死囚，完工後即被殺以滅口。後來，水野智義在西元 1890 年 5 月從一口水井北面 30 公尺的地下挖出了德川家康的純金像，推測

金像是作為 400 萬兩黃金的守護神下葬的。過了不久，又在一座寺廟地基下挖出了水野智義認為是埋寶地指示圖的 3 枚銅板，但它們所含之謎卻無人讀懂。昭和八年四月，水野智義發現一個巨型人造龜。這就是第一代水野為之奮鬥一生的收穫。

第二代水野愛三郎子繼父業，在人造龜的頭下發現一空洞，洞內有五色岩層，不知是自然層還是人為造成。第三代水野智子進一步在全國了解關於赤城山黃金的傳說，他與人合作利用所謂特異功能來尋寶，但收穫甚微。水野家三代在赤城山的發掘坑道總長 22 公里，卻仍沒有尋到藏金點。向水野三代這種半盲目的腦力與體力提出挑戰的是高技術的運用。有人用最新金屬探知機在水野家挖的坑道內發現有金屬反應，經分析此處地層內又極難存在天然金屬，有可能是德川的藏金所在。但由於其地質鬆軟，要挖掘需要有強力支撐物，只能暫時作罷。

由於迄今未挖掘出黃金，有人便斷言藏金之事未必可靠。事實上藏金是有可能的。德川幕府時期的江戶南北兩燈奉行所這種小單位都存有 1 萬兩黃金，更不用說幕府了；幕府與薩、長聯軍對抗時有 1.5 萬軍隊，若無雄厚財力哪能維護龐大的軍費開銷。這些資產哪裡去了呢？總不能不翼而飛了吧？藏起來的可能性還是比較大的。另外，水野一家的發掘收穫也是一種證明。

═ 黃金路上的無頭案 ═══════════

　　在所有發財夢中，金礦無疑是最為穩妥、安全的財路之一，但金礦必須是百分之百的真實存在，尋金、淘金才有意義，發財才可以變為現實。

　　「荷蘭人礦坑」的確是真實可信的。位置在亞利桑那州，從鳳凰城向東走 40 公里，一直走到沙漠邊緣的那片懸崖地帶。懸崖位於一處山脈，指礦標就是這裡的一個山尖，人們叫它「織針」。金礦就在那山尖方圓 2.5 公里的區域內。

　　證明「荷蘭人礦坑」的存在，最早要追溯到西元 1748 年。西班牙國王獎賞米高・帕拉達一塊土地，以表彰他對王室立下的功勞。這塊地大得驚人，約 3,750 平方公里，它的中心地帶就是現在的亞利桑那州。至於金礦是被誰發現的，有兩種可能：一種可能是米高・帕拉達的後代發現的，另一種可能是土著阿帕契人告訴他們的。當時的阿帕契人很友善，很單純，既無害人之心，也無防人之心。根本沒料到白人的到來對他們意味著什麼。

　　19 世紀時，帕拉達家族的後裔安利哥，曾經帶著駝隊去採過幾次礦，每每是滿載而歸。據記載，那礦的形狀像漏斗，礦口朝天，不同於一般的豎坑。後來由安利哥帶去淘金的墨西哥人把坑挖得越來越深，如果背著裝滿金子的袋子往回爬，是十分困難的。於是他們找來長木頭，在礦坑裡搭起

一個架子，並釘上一排粗大的木釘充當樓梯。

　　就在淘金者幹勁十足時，阿帕契人卻在怒火中燒，他們把這種行為視作褻瀆土地，總想伺機把這些人趕走。在西元1864 年，幾個墨西哥淘金工人騷擾印第安婦女，成為戰爭的導火線。阿帕契人成群結隊的攻擊墨西哥人，淘金者寡不敵眾，事先又無防備，僅在三天之內就被從山脈的這頭趕到另一頭。安利哥也在這場戰爭中喪命，他的喉嚨被一枝阿帕契人的箭射穿後，掉下峽谷。在這場戰爭中，只有幾個墨西哥人僥倖逃生。

　　美國南北戰爭後，兩個德國移民來到此地，一個叫夏洛克‧懷茲，一個叫亞戈布‧華茲。其實這個金礦是因華茲而得名的，只是把德國弄成了荷蘭，而「荷蘭人礦坑」的名字卻叫了出去。他們是一對好朋友，戰後一同來到墨西哥創業。在一次打鬥中，他們無意間救了安利哥的兒子米蓋的命。米蓋很感激，便帶他們去了礦坑，帶回約 5 萬美元的金子。對於這礦坑，米蓋心中總也抹不去父親慘死的陰影，非常不願再見到它，所以米蓋提出用這塊地的契據換他們兩人應得的那份錢。交易最終做成，從此礦地便成了懷茲和華茲的財產。

　　三個人分開後，懷茲和華茲又返回礦坑，繼續採挖，一直做到彈盡糧絕的地步。兩人商量之後，決定由華茲一人回

第四章　寶藏密碼

去，多取些食物來。沒想到，兩人的蹤跡早被阿帕契人發現，他們趁華茲離開時，攻擊了他的同伴。懷茲身受重傷，一路跌跌撞撞，爬過沙漠，被人搭救。由於傷勢嚴重，懷茲在臨終前把他們的故事說給醫生聽，礦坑的祕密就此公諸於眾。但由於懷茲臨死前並沒說清楚礦坑的具體方位，為後人留了一個很大的猜測餘地。

再說華茲拿著食物趕回礦坑，發現坑邊的營地空無一人，而且有跡象顯示阿帕契人襲擊了這裡。他知道，懷茲肯定是被害死了。傷心欲絕的華茲離開了礦坑，並且永遠沒有再回來。一直到多年後他去世的時候，始終沒把礦坑的位置告訴任何人。

西元 1880 年，有兩名年輕人曾經找到了礦坑，但他們卻都死在返回的路上。顯然他們不是被阿帕契人所殺，而是某些謀財害命的人下手的。就這樣，礦坑的地點再度成為祕密。

再說阿帕契人，發覺來這裡淘金的人越來越多，有墨西哥人、美國人，對他們構成了威脅，便下定決心設法阻止這種外來的「侵略」。

他們想出了一個絕無後患的辦法，即讓礦坑從地表「消失」——他們利用整個冬天的時間，用泥土和石塊把礦坑塞滿，然後頗費心機的將表面弄得和山區其他地方一樣，根本看不出挖坑的痕跡。後來，白人大舉挺進，開發土地，並

四處追捕、驅趕阿帕契人，直到把他們趕出山脈為止。從此，阿帕契人不再是淘金者的威脅，但所有的淘金者也一直沒能找到礦坑的所在。

1931 年 5 月，一個叫阿道夫‧魯斯的人來到山區，聲稱他有一張古老的墨西哥地圖，礦坑的所在清清楚楚的標在上面。魯斯已不是年輕人了，並且那隻動過手術的腿裡還嵌著銀片，因而行動也不太方便。加上山區這時的季節，山泉都乾涸了，勢必會出現缺水的危險，但他還是執意要進山採礦。兩位嚮導於 6 月 14 日將他送到迷宮一樣的峽谷中，他們看著魯斯在西圓石峽谷的一個水洞旁搭好一個營地之後才離開返回。

幾天過後，魯斯沒有露面，又過了幾天，仍無音訊。附近的一位農場主人開始擔心起來，帶人去沿途尋找，但只見到了魯斯的營地和帳篷，卻未見其人，猜測他至少已離開 24 小時了。農場主人趕到鎮上，通知了當地警長，搜救隊開始在織針附近全面搜尋。西圓石、東圓石和織針峽三大峽谷在織針西北 2 公里的山脊交會。直到當年的 12 月，人們才在山脊上一個茂密的矮林裡發現了魯斯的頭蓋骨，上面有一個彈孔。1932 年 1 月，魯斯屍骨的其餘部分在離矮林很遠的地方被陸續找到。人們還找到了嵌在他腿上的那塊銀片。雖然他提到的那張舊地圖已經不翼而飛，或是腐毀了，但他衣

第四章　寶藏密碼

服裡有一個記事本，為人們留下了珍貴的資料。其中寫到：
「我來，我看到，我征服了。」這似乎表示魯斯確實找到了金
礦。而且記事本中的最後一頁是用鉛筆很潦草的寫著：「大約
在離山洞 200 英尺的地方。」

　　殺死魯斯的凶手一直是個謎，可是此事一出，淘金的人
卻蜂擁而至。二次大戰使這股淘金狂潮暫時減弱下來，戰爭
一過，仍然是盛況如初。

　　1947 年 6 月 16 日，一個叫詹姆斯·格拉維的退休攝影師
來到這裡。和當年的魯斯一樣，也自稱知道礦坑的確切方位。
不過看來他要比魯斯「現代化」多了，他帶著科學化的探礦裝
備，乘上直升機，抵達山區。飛機首先在其中一個山頂上降
落，格拉維下去觀察地形，辨清方向，確定方位，然後很自信
的指著其中的一個峽谷說，那就是他的目的地。然而歷史又一
次重演，直升機駕駛員查克·莫森斯也成了最後一個見到格拉
維的人。雖然人們盡力搜尋這個失蹤的淘金人，但他的屍體直
到 1948 年 2 月才在織針山山頂正東的一個峽谷中被找到。屍
體的四肢、軀幹完整，只是少了頭蓋骨。頭蓋骨後來在布拉福
泉附近被發現。殺害格拉維的凶手也沒找到。

　　發生在淘金路上的兩樁「無頭案」雖然一直讓凶手逍遙
法外，但這隱藏在暗處的危險，絲毫沒使淘金熱降溫。人們
依然滿懷信心，充滿希望的尋找著「荷蘭人礦坑」。

═ 失蹤民族的珍寶 ═══════

西元前 5 世紀中葉，在歐洲東部和亞洲中西部的茫茫大草原上，有個神出鬼沒的民族曾稱霸一時，他們就是消失了多年之後仍然活在世人心中的斯基泰人。

在歐洲人的傳說中，斯基泰人嗜血成性，有時甚至把敵人的頭皮剝下來，縫製成外衣、斗篷、披肩和坐墊來使用，以至於後來在世人心中成了野蠻和凶狠的代名詞。

斯基泰人縱橫馳騁於高加索山脈到裡海、黑海之間起伏不平的山地，他們騎著駿馬從高加索山脈東面的隘口如雪崩般向亞洲北部席捲而來，在波斯邊境到處製造恐怖、屠殺和搶掠。凡是試圖抵抗他們的地方，無不頃刻之間變成血與火的海洋。但令人疑惑不解的是，這個在歐亞大草原上馳騁了幾百年之久，並在古代文化史和軍事史上留下了濃重痕跡的民族，此後卻像劃過大幕的流星一般，突然神祕的消失了。至今，歷史學家們既弄不清斯基泰人究竟來自何方，也不知道他們最終去了哪裡。

斯基泰人居住在地面平坦、水源充足、牧草繁茂的草原地帶，天生與馬匹結下不解之緣，他們實行一夫多妻制，經常在馬鞍上悠然自得的過活。他們沒有城池，沒有堡壘，帶著帳篷四處流浪，他們以牛羊肉、牛羊乳為生，他們的篷車就是房子。

第四章　寶藏密碼

　　斯基泰人是個馬背上的民族，男性大都是騎士，個個善於開弓射箭。打仗時，他們高高的騎在馬背上，一面圍著敵人瘋狂的尖聲叫喊，一面用強弓連環發射出三枝利箭，那種恐怖的情景常常使徒步作戰的敵人在被圍困中嚇得魂飛魄散。勝利後，斯基泰戰士常常把敵人的頭砍下來洗淨，還在外面蒙上牛皮，裡面鍍金，製成酒具，款待客人時，拿來盛酒奉客。他們喜歡一邊向客人訴說死者如何罪有應得，一面炫耀自己殺死他時的過程。難怪敵人往往一聽到斯基泰人就聞風喪膽。

　　斯基泰戰士不但酷愛作戰，且真正嗜血成性。殺了第一個敵人後，必定要飲他的血。在一年一度的部族聚會上，每個武士都要有殺人的紀錄，假如到下次聚會還沒有殺過人，對他們來說就是奇恥大辱。在戰場上，他們認為要剝下敵人的頭皮才可以證明自己勇猛。他們常常把敵人頭皮上的肉刮淨，把頭皮鞣製之後掛在馬韁上，當小毛巾使用。馬韁上掛的這種「小毛巾」越多，證明此人越勇敢。

　　斯基泰人經常舉行祭祀，祭拜戰神。他們在每一百個俘虜中，先挑選一個作為活祭品奉獻給神。祭祀舉行時，先把這個俘虜殺死，隨即割下其右手右臂，把斷肢向空中拋去，然後再把其他的活祭品殺死。斯基泰人結盟立約，也要用血，參加盟誓的人先要調製一種血酒，然後拿箭頭、標槍或

者刀劍蘸在血酒裡，最後把血酒飲下。

令人不可思議的是，這個沒有文字的民族，不僅善於兵韜策略，善於在戰場上制定策略戰術，而且在日常生活中，更有著高超的才藝和對黃金進行虔誠的崇拜。幾百年的統治，使這個民族極為富有。斯基泰人擁有大量的黃金，即使是平民百姓，也處處能展示出精美絕倫、玲瓏細微的黃金製品來。據歷史學家考證，斯基泰王室更是極為小心的保護神聖的黃金，而且每年還為它舉行盛大的祭祀。有人認為，這個民族不僅僅崇拜黃金，而且瘋狂的偏愛黃金藝術品。

從斯基泰人王室墓地裡發現的大量金器，有馬梳、腳鐙、酒杯、劍鞘、頭盔和指環等大量極具藝術價值的黃金藝術品，足以說明嗜血成性的斯基泰人製造起黃金製品來，又是多麼的細膩、精緻、聰慧和極具耐心。

那麼，斯基泰人是從何處而來，為什麼神祕消失得無影無蹤？他們是如何造出這麼精緻的金器來的呢？他們的不計其數的黃金製品除了墓葬裡的少部分之外，大部分又隱藏在哪裡呢？

有關斯基泰人的起源，目前有兩個說法：第一個說法認為他們是從亞洲遷徙而來。第二個說法認為他們的祖先是塔吉塔烏斯人，即聶伯河一帶的土著人。

西元 1715 年，一名西伯利亞礦場場主向沙皇彼得大帝呈

第四章　寶藏密碼

獻了一批金器，斯基泰人的黃金製品從此閃耀在世人面前。

　　隨著斯基泰人王室的第一個墓室被打開，一批約 20 件精緻的金器呈獻給彼得大帝。然而，隨後發生的事情令彼得大帝始料未及，盜墓者越來越多，許多墓室被從各地來的盜墓賊私掘盜竊，彼得大帝於是下令禁止繼續挖掘，並規定發現所有斯基泰的寶藏都要獻給王室。但此時盜墓之風已經很難根絕，西元 1725 年，彼得大帝死後，盜墓賊更加猖獗。隨著一次次瘋狂的盜墓，斯基泰人精美的黃金製品不斷的流失。

　　西元 1898 年，俄國考古學家維塞羅夫斯基（Veselovskij）在黑海東北卡斯洛達地區的烏斯基奧發掘古墓時，在一座 49 公尺高的土丘下面，發現了一個木棚架。他報導說：「四周插滿木樁，附近都是馬匹的屍骨。」墓地隔鄰一共葬有 360 多匹馬，但裡面到底是否有黃金製品卻不得而知。

　　20 世紀以來，尤其是第二次世界大戰以後，斯基泰人的古墓相繼有所發現。

　　斯基泰人用隆重的儀式殮葬他們的首領，為他在草原上建造像小山一樣高的陵墓。1971 年，俄國考古學家莫索洛夫斯基在聶伯河歐珍尼基茲附近，發現了斯基泰王死後的墓葬，他寫道：「斯基泰王死後，在他生前的侍從和駿馬之中，各選 50，勒死以殉。」、「馬匹死後取出內臟，洗淨腹腔，塞入草料，立刻縫合起來。在地上豎起若干木柱，兩對木柱

為一組，然後用堅硬的木棍，從尾到頭穿過馬屍，放在拱門上，前拱托著馬肩，後拱架著腰腹，四條腿吊在空中。那50個侍從都用木棍沿著脊骨穿過屍體頸部，木棍下端則插入馬身木棍上的一個插口。這樣一來，他們便安坐馬上，列成一個圓形，環繞王陵。」他分析：「這樣的安排，可能是斯基泰人為了要保護先王，或者是為了要把盜墓的人嚇走。」

斯基泰人的日常生活中，黃金占很重要的地位。至於他們黃金的來源，據說出自遙遠的極北地方（即現今的西伯利亞），傳說那裡住著一個獨眼民族，叫阿里馬斯比亞人，他們從鷹頭獅身的守護獸手中把黃金奪過來。

人們發現，斯基泰人把金光閃閃的黃金大都作成黃金板、黃金項鍊、梳子或者馬鞍上的裝飾等可以隨身攜帶的物品，這可能只因為他們是游牧民族，沒有牆也沒有門供他們繪畫和展示。

有人分析認為，斯基泰民族之所以神祕消失，可能是被另一個比他們更強大更凶殘的游牧民族趕出了草原。至於這個游牧民族是誰，有些歷史學家認為是西元前350年開始渡過頓河漸向東侵的薩馬提亞人，但也沒有什麼可靠的證據。

那麼，斯基泰人那些大量的黃金製品哪裡去了呢？

這是一個不僅為考古學家所關心，而且也為眾多的探險家、尋寶者所關心的謎。

　　有學者認為，在被某個更強大的游牧民族擊敗之後，斯基泰人帶著他們無數的黃金製品四散流失，有的逃到色雷斯（即今羅馬尼亞），有些留在南俄羅斯，與入侵的外族同化，那些黃金製品也隨之散失了。但另一些學者反對這種看法，他們認為，斯基泰人的最後一個據點是克里米亞半島，他們曾在那裡建立一個繁榮的首都聶阿波里斯。而他們那些珍貴的黃金製品，很可能就埋藏在克里米亞沿海一帶不為人知的地方。據說 19 世紀時，俄國沙皇、土耳其人和英國人都曾試圖在克里米亞挖掘這些黃金，但都一無所獲。有些尋寶者認為，這筆價值龐大的珍寶現在還悄悄的沉睡在克里米亞的某個地下宮殿裡，然而至今沒有人找到任何線索。

　　斯基泰這個沒有自己的文字，沒有貨幣，在歷史的長河中未曾留下隻言片語的民族，留在世間的，只是散見於古希臘典籍中的零散記錄和世界上最為精美絕倫的黃金藝術製品。

═ 和氏璧的祕密 ═

　　據傳春秋時期的楚國人卞和，一天在荊山（今湖北省南漳縣西）上砍柴時偶然發現一隻美麗的鳳凰棲在一塊青石上。按當時民間傳說「鳳凰不落無寶地」，卞和認定這塊青石是寶貝，於是將它獻給楚厲王。當時王宮的玉石匠不識此寶，說它是一塊普通的石頭。厲王大怒，以欺王之罪，命令

武士砍掉了卞和的左足。厲王的兒子武王繼位後，卞和又把這塊寶石獻給武王，仍被說是普通的石頭，武王又以同樣的罪名，砍掉了卞和的右足。

若干年後，武王的兒子文王即位了，卞和還想去獻寶，可是他因失去了雙腳而無法行走，便抱著這塊寶石坐在荊山下哭了整整三天三夜，一直把眼淚哭乾了，眼中流出鮮血來。有人把這件事稟告了文王，文王派人去問卞和：「天下受刑被砍掉雙足的人很多，為什麼只有你悲傷得最厲害呢？」卞和回答說：「我痛心的並不是自己雙足被砍斷，而是這塊奇寶被人認為是普通石頭！」於是，文王派人把卞和接進王宮，並命令玉石匠精心思索，剖開石頭，果然從中得到了一塊光潤無瑕、晶瑩光潔的奇寶，文王再命令工匠將它雕琢成一塊玉璧。世人為了紀念卞和的發現，便給玉璧取名為「和氏璧」。這就是「和氏璧」的由來。

幾百年後，楚國相國昭陽，為楚國立了大功，楚威王把「和氏璧」賞給了昭陽。不久，「和氏璧」被人偷走了。究竟被誰偷走？無法查明。過了50多年後，趙國太監繆賢用500兩黃金從一位外地客人手裡買了一塊綺麗奪目的玉璧，經玉石匠辨認，才知道這塊玉璧就是已經失蹤了50多年之久的「和氏璧」。趙惠文王知道這個消息後，立即從太監繆賢手裡把「和氏璧」奪走。從此，「和氏璧」被趙惠文王占有。

第四章　寶藏密碼

　　當時諸侯、天子迷信「璧環象天」，都想用玉璧作祭天禮器，把「和氏璧」視為「天下獨有的無價之寶」。因此「和氏璧」就成為各諸侯國千方百計爭奪的對象。據西漢著名歷史學家司馬遷《史記‧廉頗藺相如列傳》記載，戰國時，秦昭襄王聽說「和氏璧」在趙國，很想得到這塊珍寶，於是就設下陰謀詭計，欺騙趙國說，願意用 15 座城池來換取趙國的「和氏璧」。當時秦國的軍事、經濟力量日益強大，國勢正旺，不斷對外擴張和進擊，趙王既捨不得「和氏璧」，又不敢得罪秦王，無奈，只得派使臣藺相如護送「和氏璧」到秦國去。秦王見到「和氏璧」，連聲誇讚。藺相如見秦王毫無給城之意，就憑自己的機智和勇敢，把「和氏璧」從秦王手中拿回來，並巧妙的暗地派人帶著「和氏璧」悄悄潛回趙國。這就是膾炙人口的「完璧歸趙」的歷史故事。

　　西元前 228 年，秦國滅掉了趙國，「和氏璧」落到了秦始皇的手裡。到西元前 221 年，秦始皇統一了全國，建立了中國歷史上第一個統一的中央集權的封建國家，立即命令丞相李斯撰寫「受命於天，既壽永昌」八個鳥蟲形篆字，經玉石匠把這八個字鐫刻在「和氏璧」上，成為皇帝的寶印。從此「和氏璧」開始被稱為「國璽」。

　　西元前 206 年，劉邦攻占咸陽，推翻了秦王朝，秦王子嬰把「和氏璧」獻給劉邦。劉邦於西元前 202 年打敗項羽

後，建立漢朝，傳令將「和氏璧」作為「國璽」代代相傳，因此，「和氏璧」被封為「傳國璽」。

西元 5 年，出身外戚並掌握了政權的野心家王莽，毒死了平帝，立了一個僅兩歲的宗室子弟孺子嬰為皇太子。這時「和氏璧」由孝元太后代管。王莽為了攫取皇帝的寶座，派堂弟王舜去長樂宮索取「和氏璧」。孝元太后識破了王舜索寶的政治陰謀，但不交出來會有殺身之禍，於是她憤怒的取出「和氏璧」往地上一摔，罵道：「得此亡國璽，看爾兄弟有何好下場！」王舜急忙從地上拾起一看，「和氏璧」已被摔缺了一角。這樣，「和氏璧」就被王莽強占了。

到西元 9 年，王莽篡奪了西漢政權，當了皇帝，改國號「新」，他命令玉石匠把「和氏璧」已摔缺的一角用黃金鑲補上。王莽政權滅亡後，「和氏璧」歸東漢光武帝劉秀所有，代代相傳，一直傳到東漢末年漢少帝時，「和氏璧」又失掉了，下落不明。

西元 192 年，關東同盟軍討伐董卓。有一天深夜，長河太守孫堅在洛陽城內巡視，偶然發現城南一口水井 ——「甄宮井」裡光芒四射。孫堅立即命令士兵汲乾井水。從井底撈出一宮裝打扮的婦人屍體，頸下有一錦囊，內有一金鎖扣著的朱紅小匣。孫堅從小匣裡取出一塊純白無瑕、寶光閃爍的玉璽。該璽上鐫五龍交紐，旁缺一角，已用黃金鑲補。孫

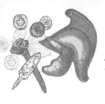

第四章　寶藏密碼

堅一看就知道這是已失掉了的無價之寶 —— 傳國璽「和氏璧」，於是保藏起來。

孫堅在峴山戰役陣亡後，「和氏璧」落到了軍閥袁術手裡。袁術死後，廣陵太守徐繆奪得了「和氏璧」，並把它獻給了曹操。曹操以後，「和氏璧」被歷朝傳遞了下來，一直傳到五代十國時期，在戰亂中失落了。

西元 960 年，趙匡胤在開封東北的陳橋驛發動兵變，自立為帝（宋太祖），改國號為宋（史稱北宋），當時不見「和氏璧」。雖然從五代十國以後的 1,000 多年間，各個朝代（尤其是宋紹聖三年、明弘治十三年等）都有傳國璽被發現的傳說，但那些都不是真正的「和氏璧」，而是一些偽造的贗品 —— 假傳國璽。據歷史學家們考證，真正的傳國璽「和氏璧」確實在 100 多年前的五代十國時期已失蹤了。

「和氏璧」從春秋戰國直至唐朝末葉，傳遞了 1,640 多年之久。這在世界歷史上是獨一無二的奇蹟。它在五代十國時期究竟是怎樣失蹤的？流落到哪裡去了？成為千古奇謎。歷代許多人興致勃勃，想方設法的力圖探索這個奇謎，曾掀起過尋寶熱潮。

「和氏璧」到底是一種什麼樣的奇寶？它真的像歷史記載的那樣價值連城嗎？這就成了考古和地質學家探討和爭論頗激烈的一大難題。

　　一些學者認為，「和氏璧」不是一塊玉，因為荊山地區不產玉，玉在春秋戰國時期是一種較常用常見的東西，並不稀奇，一般人都可以分辨清楚，王宮的玉石匠更不可能不認識玉。因此，當卞和把它獻給楚王時，經驗豐富的內宮玉石匠，絕不會把玉誤認為是一塊普通的石頭。由此可以斷定：卞和獻給楚王的，並非玉，而是玉石匠不認識的、不同於一般玉的另一種奇寶。正因為這種奇寶是第一次被發現，所以任何人都不認識它，都分辨不清。由此可見，一些古籍把「和氏璧」描寫成玉璧，這是誤傳。由於誰也不知道這種奇寶的名稱，所以一些古籍就把它錯寫成珍貴的玉璧，很多學者斷定它根本不是玉。

　　1921 年，著名的地質學家章鴻釗先生在他所著的《石雅》中猜測，「和氏璧」是產在荊山地區基性岩中的拉長石，因為拉長石具有碧綠和潔白的閃光，而且不經思索往往難以發現這白光。

　　很多學者不同意章鴻釗先生這一論斷，他們認為，雖然荊山地區有產拉長石的基性岩脈。但迄今尚未發現這種具有寶石性質的拉長石。

　　有些學者認為，「和氏璧是地球上極為罕見的、至今人們還不知道它真名、十分奇特的一種天然寶石，它不僅晶瑩剔透、瑰麗多彩，而且在光澤、耐磨程度和規格上都超過了

一般寶石；它不僅在於外表美觀，而且在於它內在的特性比一般寶石更為奇妙。它究竟是一種什麼樣奇妙的珍寶？誰也說不清楚。總之，「和氏璧」的真相究竟如何？為什麼秦昭襄王願用 15 座城池去交換它？為什麼歷代帝王將相拚命去爭奪它？它的身價為何如此高貴？至今仍是無法徹底揭曉的一個奇謎。

══ 夜明珠的祕密 ══

　　自古至今，歷代人們常以愛慕、驚異、迷惑不解的心清，對夜明珠津津樂道。古代一些文學作品和民間的一些傳說，往往替夜明珠塗抹上一層又一層神祕色彩，編造出一個又一個扣人心弦的神話故事。例如，有個神話，傳說夜明珠能把「龍宮照得如同白晝」……

　　夜明珠在中國古代民間又名叫「夜光璧」、「夜光石」、「放光石」，相傳是世界上極為罕見的夜間能發出強烈光芒的奇寶。英國著名學者李約瑟（Noel Joseph Terence Montgomery Needham）在其巨著《中國科學技術史）中記載，古代中國人喜愛敘利亞產的夜明珠，它別名為「孔雀暖玉」。據說，印度一些人把夜明珠稱為「蛇眼石」。據日本寶石學家玲木敏於 1916 年在他編纂的《寶石志》中記載，日本的夜明珠是一種特殊的紅色水晶，被譽為「神聖的寶石」。

　　1900 年，英、法、日、俄、德、美、義、奧八個帝國
主義國家合夥拼湊的「八國聯軍」，從天津向北京侵犯。慈
禧太后挾光緒皇帝從北京逃往西安，宣布實行「量中華之物
力，結與國之歡心」的賣國政策，與侵略者簽訂了屈辱的
「辛丑條約」。據說，慈禧太后為了博得侵略者的歡心。將自
己珍藏的四顆夜明珠作為信物，派遣一個小宮女送去給侵略
者。這個小宮女有愛國之心，不願把奇寶送給外國侵略者，
她非常氣憤的暗藏寶物於民間，當時誰也不知道她的去向，
成為近代一大懸案。

　　過了幾十年後，在西安發現了四顆明珠，經學者郭沫若
考證。這正是失蹤了幾十年之久的慈禧太后珍藏過的四顆夜
明珠。據報上的消息說，把這四顆夜明珠放在抽屜裡，「晚
上進屋未開燈，一拉抽屜即見滿屋放出耀眼的白光。」

　　物以稀為貴。夜明珠本從礦石中採集而得，但它在地球
上的分布是極為稀少的，開採也很困難，故此它顯得特別珍
貴。一些古書描寫它具有「側而視之色碧；正面視之色白」
的奇異閃光。據說，在古代希臘羅馬，一些帝王把它鑲嵌在
宮殿上或者戴在皇冠上，有的皇后、公主把它裝飾在首飾上
或者放在臥室裡，以它作為國寶來加以宣揚和讚美。

　　夜明珠究竟是一種什麼樣性質的奇寶？古今中外的說法
頗不一致。據一些專家考證，夜明珠並不是像某些人所吹噓

的那樣神祕，而是幾種特殊的礦物或岩石，經過人們加工後才變成圓珠形。夜明珠發出的光，並不像神話中傳說的那樣能把「龍宮照得如同白晝」。發光強度較大的夜明珠，在黑暗中，人們在距離它半英尺的地方，能清清楚楚的觀看印刷品。

　　為什麼夜明珠在夜間會發出強烈而又綺麗的亮光呢？對此眾說紛紜。一些寶石學家認為，因為在夜明珠的螢石成分中混入了硫化砷，鑽石中混入了碳氫化合物。白天，這兩種物質能發出「激化」，到晚上再釋放出能量，變成美麗的夜光，並且能在一定的時間內持續發光，甚至永久發光。以上只是一部分專家的看法，不一定全面、準確。

　　夜明珠還有許多奧祕，至今還沒有被專家們了解。據說，有一種叫作水晶夜明珠的，能發出「火焰」般的夜光，但其中的發光物質究竟是什麼？至今還不太清楚。總之，夜明珠至今仍是尚未徹底揭開的一個千古奇謎。

＝古印加寶藏在哪裡

　　古印加帝國是 14 ～ 16 世紀出現的印第安文明，它的地域包括了今天南美洲的哥倫比亞、祕魯和阿根廷大部分地區，是一個組織嚴密、管理有方、繁榮和平的國家。印加人崇拜太陽神，因此，在生活中大量使用黃金，用它裝飾神廟和宮殿，也用它作飾物和日常用品。印加人認為黃金象徵著太陽。

據史料記載，印加人從西元 2 世紀就開始收藏黃金，南美又是重要的黃金產地，人們考證：當 16 世紀西班牙人摧毀印加帝國時，如果把印加全國的黃金加到一起，其價值相當於當時除印加之外，全世界的金銀財寶的總和。而印加帝國是在相當強大的時候，在很意外的情況下，被不到 200 名的西班牙殖民者毀滅了。

西元 1532 年，法蘭西斯克‧皮澤洛（Francisco Pizarro）率領的西班牙殖民軍侵入了印加帝國的卡哈馬卡城。雖然他們不足 200 人，可是，卻用欺騙的手段抓到了印加皇帝阿塔瓦爾帕（Atawallpa），這使強大的印加帝國無法組織有效的抵抗，數以千計的印加人遭到屠殺。後來，皇帝得到了皮澤洛的許諾：「如果用黃金填滿關押他的牢房，他可以獲得自由。」這是一間 115 立方公尺的房間，填滿它要用 40 萬公斤黃金。昏庸怕死的阿塔瓦爾帕竟然答應了這個條件，他的奴僕很快就送來了 5 萬公斤黃金，可是，皮澤洛怕皇帝自由後會組織印加人反抗他的侵略，就違背諾言，殘酷的絞死了阿塔瓦爾帕皇帝。正奔馳在為皇帝贖身而運送黃金的路上的奴僕們聽到這個消息後，迅速的把黃金藏匿起來，連預先交來的也被轉移了。

此後，皮澤洛的殖民軍一路燒殺掠奪進入了印加帝國的首都庫斯科城。皮澤洛的兄弟在日記中描述了他們的見聞：「儘管印第安人已經把大量出色的金銀器皿都帶走了。可

是，呈現在我們面前的金銀器皿仍然使人目瞪口呆。我們還發現了一尊金塑像。印第安人痛心的對我們說，那就是印加人的始祖像。在城郊某處還發現了一些金螃蟹和一些裝飾著鳥、蛇、蜘蛛、蜥蜴和其他昆蟲的金器皿。一個印第安人還向我們提供了一個情況，說是在維拉貢鎮的一個洞穴裡藏著大量金板。可惜，這個印第安人幾天後就失蹤了。」這顯示皮澤洛他們沒有空手而歸，但是，大部分印加財寶都被隱藏起來了。

這些線索和消息，刺激了歐洲各國的探寶者，他們沒有間斷的尋找這使人垂涎萬分的印加寶藏，可是經過幾百年的時間也沒有什麼收穫，這筆龐大的財富好像突然間消失了。

近年來，史學家也肯定的說：印加人的習俗和傳統一定會驅使他們隱藏其祖先的金銀財寶。這些被隱藏的財富，相當於祕魯金礦從 16 世紀到西元 1803 年開採的黃金的價值總和，是一個龐大的數字。

儘管龐大的財富十分誘人，可是藏金之地到底在哪裡呢？

最初有人說：金銀財富被沉沒在面積達 8,290 平方公里的的的喀喀湖。它位於現今祕魯和玻利維亞交界處的安第斯山脈中。這裡是印加人崇拜的太陽神和月亮神之子下凡的「聖地」，可是，西班牙人在這裡搜尋了近 10 年，一無所獲。

後來，又有人提出：庫斯科北面的薩克薩伊瓦曼要塞有神祕的道地，財寶就藏在那裡。在這個石料壘就的堅固無比的著名的軍事建築中，尋寶人連地道口也沒有找到，無功而返。

最後，人們寄希望於印加帝國大後方的馬丘比丘古城，認為它最有可能成為印加人的藏寶之地。可是，它也太神祕了，西班牙殖民者和歐洲各國的探險家們找了約 300 年，也不見這座古城的蹤影。

1911 年，美國歷史學家海勒姆·賓厄姆三世（Hiram Bingham III）意外的在烏魯班巴河上的兩座山峰之間發現了這座美麗的古城。可是，它除了向世人展示了燦爛的印加古文明外，沒有為尋寶者帶來什麼福音。

儘管這些印加金寶藏屢尋不獲，但是，又不斷有證據顯示它確實存在，所以，直到現在仍然有很多人還在堅持不懈的搜尋著。可能會有那麼一天，這些金寶藏將被發現，從而使世人更加了解印加古文明。

═ 太陽神銅像在哪裡 ═

太陽神巨像位於愛琴海上的羅得島。羅得島屬希臘，北距土耳其大陸 19 公里，西距希臘大陸 450 公里，面積 1,400 平方公里，人口 7 萬多。

第四章　寶藏密碼

　　羅得島是古希臘文明發源地之一。神話傳說中，遠古時代，希臘諸神爭奪神位的戰爭結束後，宙斯成為眾神之王。宙斯向諸神分封了領地，唯獨忘了出巡天宮的太陽神海利歐斯（Helios）。

　　待海利歐斯歸來，宙斯指著隱沒於愛琴海深處的一塊巨石，把它封給了海利歐斯。巨石欣然升出海面，歡迎太陽神來居住。海利歐斯對這塊領地頗為滿意，用海仙女羅得的名字，命名為羅得島。他的長子的三個兒子也分封在島上，各自建立了自己的城邦。島上繁榮富庶，文明興起。至西元前408年，幾個城邦聯合，組成統一的羅得國，從此國家更為強盛。但羅得國的繁榮也引來了戰爭，雅典、斯巴達、馬其頓等國相繼入侵，城池屢遭破壞。到了西元前227年，一場毀滅性的大地震毀掉了島上的所有城市。

　　羅得城以後又幾度重建擴建，雖已見不到當年毀城的痕跡，但是從該市歷史博物館眾多的出土文物中，仍然可以窺見昔日的繁華。其中大理石雕像最為豐富，西元前2世紀雕刻的阿波羅（Apollo）頭像、西元1世紀雕刻的愛神阿芙蘿黛蒂（Aphrodite）的裸體全身像，都保存在這裡。只是那座被譽為「世界七大奇蹟」之一的太陽神銅像不知哪裡去了。

　　太陽神銅像原本屹立在羅得城碼頭上，是羅得島的象徵。銅像高約31公尺，頭戴太陽放射光芒狀的冠冕，左手執

神鞭，右手高擎火炬，兩腳站在港口兩岸的石座上，船隻從其胯下進進出出。據說巨人的手指頭有幾人合抱那麼粗，大腿內部可住一家人。

這座太陽神銅像的鑄造時間，大約在西元前 490 年。當時，波斯人入侵羅得島，全島居民撤守島東端海岬上的城堡，並終於打退敵人的進攻，將敵人驅逐出島。勝利之後，人們收集敵人遺棄的武器，通通熔化，由雕刻大師林多斯的查爾斯（Charis the Lindius）監鑄成太陽神銅像，立於港口，雄鎮海疆。

太陽神銅像在 2,200 多年前的那場大地震中被震坍倒地。關於太陽神銅像的下落，有人說由於銅像沒法重新豎起，在西元 7 世紀被分解熔化製作成其他器械；有人說銅像被盜走，賊船在海上遇風沉沒了。後人只能根據史書簡略的記載想像它的規模。據說，美國紐約自由女神像即以太陽神銅像為藍本，那手擎火炬、頭戴光冕的姿勢就帶有太陽神銅像的影子。

═ 聖杯在哪裡 ════════════════

耶穌在與 12 位門徒舉行最後的晚宴時，劈開逾越節無酵餅給門徒分享，說：「這是我的身體，為你們捨的。你們也應當如此行，為的是紀念我。」晚餐後，門徒傳飲一杯酒，耶

第四章　寶藏密碼

穌又說：「這杯是用我血所立的新約，是為你們流出來的。」
基督教的聖餐儀式由此奠定。餅代表耶穌的身體，酒代表他
的血。耶穌和門徒共用的酒杯，近 2,000 年來一直是兩個疑
團的焦點。

四福音書中沒有提及最後晚餐所用酒杯的下落，基督教
其他早期文獻則記載，此杯落入亞利馬太的約瑟（Joseph of
Arimathea）手中。這位富裕的猶太人可能是耶穌的叔父，
曾埋葬耶穌。也許是在約瑟準備將耶穌的屍體放入墳墓時，
也許是在耶穌仍釘於十字架時，耶穌的鮮血滴進了那個酒杯
中，酒杯因而成了聖物，如今稱為聖杯。

隨後，耶穌的屍體從墳墓中消失了，憤怒的猶太長老一
口咬定是約瑟偷走了聖杯，把他關進監獄，讓他餓死。耶穌
向約瑟顯現，正式命他保管聖杯。此後約瑟在獄中期間，每
天都有鴿子銜一塊聖餅飛到牢房，投進杯子內，結果他竟奇
蹟般的活了下來。

西元 70 年，約瑟獲釋，放逐國外，最後抵達英格蘭。
據說耶穌孩提時曾隨他到過英格蘭。他在薩默塞特郡格拉斯
頓伯里建立第一座基督教教堂。很多人相信聖杯至今仍藏在
當地。

有關聖杯的傳說還有很多，大多非常複雜。有的說，聖
杯不一定是杯子，可能是塊石頭、一些異象、一個碟子、一
個子宮，甚至是煉金術（即傳說中把賤金屬變成黃金的祕

方）的一個符號。這些關於聖杯的傳說都有一個共同點，就是聖杯是隱藏起來的，只有最純潔的人才能找到。

據說亞瑟王屬下圓桌武士尋找的，正是這樣的聖杯，他們相信收藏地點是神祕的「漁夫國王城堡」。有 3 位武士找到聖杯，就是珀西瓦里（Percival）爵士、加拉哈德（Galahad）爵士和鮑斯（Bors）爵士。3 人中只有平凡的鮑斯爵士回去細述經過，其餘兩人為人極純潔，加上聖杯極具吸引力，以致他們不能重返現實生活中。加拉哈德爵士找到聖杯後，狂喜而死；珀西瓦里爵士則成了聖杯的新守護人。

這個傳說的起源，部分出自亞利馬太的約瑟的另一個故事：約瑟和妻舅布朗同遭放逐，布朗曾用一尾魚神奇的餵飽一大群人，人稱「富足漁夫」。他的後裔稱為「漁夫國王」都是聖杯的守護人。傳說中還提到珀西瓦里爵士是約瑟的後裔，所以他留在城堡守護聖杯。

還有一個關於聖杯的傳說，描述抹大拉的馬利亞（Mary Magdalene）遇見復活後的耶穌在園中徘徊，後來把聖杯帶到法國馬賽。今人有一種說法，竟然提出抹大拉的馬利亞得到的聖杯並不是一件東西，而是耶穌的後裔。照此說法推測，耶穌大概曾和馬利亞結了婚，其子孫後來建立了歐洲的墨洛溫王朝。

上述說法實在聳人聽聞，但是和聖杯如今可能藏在英格蘭西部的說法同樣引起世人的興趣。

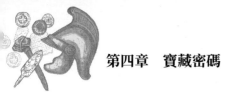

第四章　寶藏密碼

═ 珍貴鑽石為何魔力無邊 ═

　　鑽石被現代人譽為尊貴永遠的象徵，品質與體積均為上乘的自然也就越珍貴。「希望」藍鑽石是世界上屈指可數的鑽石王之一。1947 年，「希望」藍鑽石的標價為 1,500 萬美元，這是它的最後一次標價。而如今，「希望」藍鑽石的價格已遠不如此了。自從 1947 年後，「希望」藍鑽石再也沒有被拍賣過。

　　1958 年，「希望」藍鑽石被占有它的最後一個主人、美國珠寶商哈利・溫斯頓（Harry Winston）捐贈給了華盛頓史密森尼學會美國國立自然歷史博物館。在博物館的展廳內，「希望」藍鑽石陳列在一個防彈玻璃櫃裡，與各國帝王加冕禮上用過的珠寶媲美。那幽幽的藍光彷彿在向來自世界各地的遊客訴說著它那神祕的歷史。

　　「希望」藍鑽石問世於 500 年前。在河畔的一座廢棄的礦井裡，一個路過的老人偶爾瞥見一塊熠熠閃光的石頭。經辨別，竟是一枚碩大的藍鑽石。老人請工匠將鑽石進行粗加工，加工後的藍鑽石還有 112.5 克拉。老人去世後，他的 3 個兒子為這枚鑽石大打出手，結果鑽石被族長充公，下令鑲嵌在神像的前額上。

　　一天深夜，一個抵不住鑽石藍光誘惑的年輕人偷走了鑽石。但僅僅幾個小時，他就被守護神像的婆羅門捕獲，活活

被打死，成為藍鑽石的第一個犧牲者。藍鑽石重新被鑲嵌在神像的前額上。

17 世紀初，一個法國傳教士用斧頭劈死兩個婆羅門，用沾滿鮮血的雙手將藍鑽石攬為己有。傳教士將藍鑽石帶回了自己的故鄉，可是在一個雷雨交加的晚上，他被割斷了喉管，藍鑽石也不知去向。

40 年後，藍鑽石落入巴黎珠寶商讓 - 巴普蒂斯特·塔維尼耶（Jean-Baptiste Tavernier）手中，他隨即脫手，將鑽石賣給了法國國王路易十四（Louis XIV）。數年後，讓 - 巴普蒂斯特·塔維尼耶到俄國做生意，竟被一隻野狗活活咬死。

路易十四對這枚藍鑽石愛不釋手，經過思索，藍鑽石鑲嵌在象徵著王權的王杖上，取名為「法蘭西之藍」。可是不久後的一天，他最寵愛的一個孫子不明不白的死去了。路易十四受此打擊後，不久也撒手歸天。

路易十四死後，「法蘭西之藍」落入蓓麗公主之手。她將鑽石從王杖上取下，作為裝飾掛在她的項鍊上。西元 1792 年 9 月 3 日，在一次偶發的事件中，蓓麗公主被一群平民百姓毆打致死。

「法蘭西之藍」由蓓麗公主的首飾變為路易十六（Louis XVI）的珍玩。可是一場法國大革命的風暴把國王路易十六和王后瑪麗·安東妮（Marie-Antoinette）送上了斷頭臺。「法蘭西之藍」在這場大革命中被皇家侍衛雅各斯·凱洛蒂乘亂竊取。

第四章　寶藏密碼

　　法國臨時政府在清點國庫時，發現「法蘭西之藍」失蹤，於是貼出告示：凡私藏皇家珍寶者處以死刑。侍衛雅各斯·凱洛蒂聞訊後終日不安，精神發生錯亂，最後自殺而死。

　　「法蘭西之藍」40年後為俄國太子伊凡覓得。伊凡在尋花問柳時，為了討得一個妓女的歡心，竟將「法蘭西之藍」拱手相贈。一年後，伊凡另結新歡，對贈寶之事後悔不已，決定追索回來。可是，那個妓女死活不依，伊凡一劍刺死妓女，奪寶而歸。然而時過未久，伊凡在宮中死於非命。

　　神祕的「法蘭西之藍」為占有它的主人帶來的厄運比巫師的詛咒還要靈驗，人們視之為不祥之物。儘管如此，世界上還是有許多貪婪的目光盯著它，希冀有朝一日成為擁有它的主人。

　　「法蘭西之藍」從伊凡皇太子手裡轉移到女皇葉卡捷琳娜一世手裡。女皇意欲將鑽石鑲在皇冠上，於是命人將「法蘭西之藍」送至荷蘭，交由堪稱世界上一流手藝的威爾赫姆·弗爾斯進行精心加工。經過威爾赫姆·弗爾斯的精心雕琢，「法蘭西之藍」被切割成現在見到的樣子，它的每個面都閃著誘人的藍光。加工後的鑽石重44.4克拉。鑽石加工好以後，鑽石匠的兒子不辭而別，將鑽石帶到英國倫敦去了，無法交差的鑽石匠服毒自殺。而他的兒子後來在英國也自殺身亡，死因不明。

英國珠寶收藏家亨利‧菲利浦在一個不願透露姓名的人手裡以 9 萬美元購得了這顆鑽石，命名為「希望」。西元 1839 年，亨利‧菲利浦暴死。他的侄子成為「希望」藍鑽石的主人。這位鑽石的主人將鑽石置於展廳公開展出，後來據說他壽終正寢。

本世紀初，一個叫傑奎斯‧塞羅的商人購得了「希望」鑽石，但不久莫名其妙的自殺了。

鑽石又流落到一個俄國人康尼托夫斯基手中，此人不久遇刺死亡。

哈比布‧貝購下了鑽石，接著轉賣給西蒙。傳來消息說，哈比布‧貝及其家人在直布羅陀附近的海中不幸淹死。西蒙則在一次車禍中全家喪生。

鑽石輾轉到了土耳其蘇丹阿卜杜勒 - 哈米德二世（II. Abdülhamid）手中，一個王妃為此喪生，蘇丹本人於 1909 年被青年土耳其黨人廢黜。

「希望」藍鑽石的下一個主人是華盛頓的百萬富翁沃爾什‧麥克林（Walsh McLean）夫婦。自從擁有這顆鑽石以後，災難就像影子一樣追隨著他們，他們的兒子和女兒先後遭遇不幸。

1947 年，哈利‧溫斯頓以 1,500 萬美元購進「希望」藍鑽石，成為鑽石的最近一個主人。

第四章　寶藏密碼

「希望」藍鑽石自問世以來，歷經滄桑，周遊列國，其間，更易的主人有數十人之多。可是「希望」藍鑽石並沒有為占有它的主人帶來希望，相反，除少數幾個人外，其餘的主人屢遭厄運，甚至命喪黃泉。這是為什麼呢？是巧合，還是冥冥之中存在著一種人們尚未所知的神奇的力量呢？也許有一天，「希望」藍鑽石能滿足人們探究這個祕密的希望。

═ 隆美爾把珍寶藏在撒哈拉了嗎 ═══════

隆美爾（Rommel）是德國著名的陸軍元帥，他生性凶殘、狡猾，慣於聲東擊西的伎倆。在北非的大沙漠上，他以力量懸殊的兵力與強大的英美聯軍交鋒，出奇制勝，因而贏得了「沙漠之狐」的稱號。

這個「沙漠之狐」在北非的土地上瘋狂屠殺土著居民，掠奪他們的財富，尤其是當地無比富裕的阿拉伯酋長，只要他們稍稍表示拒絕支持納粹事業，隆美爾即令格殺勿論。隆美爾用如此野蠻的血腥手段在很短的時間裡積聚起一批價值極為可觀的珍寶。這批珍寶包括裝滿黃燦燦金幣和各種珍奇古玩的 90 多個木箱及一個裝滿金剛鑽、紅寶石、綠寶石和藍寶石的鋼箱。

這批珍寶價值多少？誰也估算不出來。那個鋼箱的財寶太迷人了，可謂價值連城，隆美爾自己本人也不清楚這批珍

寶的價值究竟是多少。這批珍寶，除供隆美爾大肆揮霍外，還用以收買少數阿拉伯統治者。

隆美爾怎麼揮霍，也僅僅運用了這批珍寶的極少一部分。隨著戰局的進展，隆美爾自吹所向無敵的非洲軍團全線崩潰。為了不讓這批珍寶落入英美聯軍之手，隆美爾祕密調派了一支親信部隊將這批珍寶藏在世界上某一個不為人知的角落裡。

1944 年，納粹德國日暮途窮，德軍一些高階軍官謀刺希特勒，事涉隆美爾。10 月 14 日，希特勒派人至隆美爾住所，要隆美爾考慮決定接受審判還是服毒自殺。隆美爾選擇了後者。15 分鐘後，隆美爾便離開了人世。

隆美爾一死，唯一知道這批珍寶埋藏地點、方位、標示的線索便中斷了。

對於隆美爾這批珍寶，西方的一些冒險家們垂涎三尺，朝思暮想，希望有朝一日發掘這批珍寶，成為珍寶的主人。他們不惜重金，派專家們南來北往，查閱相關密件，又千方百計的尋找所有可能知情的人。調查的結果，各種傳說都有，但均不甚確鑿，弄得冒險家們抓耳撓腮，一時不知從何下手。

其中的一種傳說是這樣敘述的：

在隆美爾的非洲軍團崩潰前夕，「沙漠之狐」隆美爾曾調集了一支高速摩托快艇部隊，命令將 90 餘箱珍寶分裝於艇

第四章　寶藏密碼

中，由突尼西亞橫渡地中海運抵義大利南部某地密藏。某日晚，快艇部隊在夜幕的掩護下祕密出航，按預定計畫行動。不料在天將拂曉時，快艇部隊為英國空軍發現。原來英軍情報部門早就密切注視著這批珍寶的去向。英軍情報部門除派出大批地面特務人員外，又動用飛機與艦艇，在空中和海上晝夜偵察，隨時準備攔截。

　　英軍發現鬼鬼祟祟的德軍摩托快艇後，料定珍寶即在其中，下令從空中和海上不惜一切代價截獲。當摩托快艇行至科西嘉附近海面時，德軍深知已無望衝出英軍密織的羅網。當此絕望之時，隆美爾竟下令炸沉所有快艇。這支滿載著珍寶的德軍摩托快艇部隊就這樣在科西嘉淺海區沉沒了。

　　從那以後，不時有人用高價僱用潛水員一次一次在科西嘉海底搜尋，可是一無所獲。是科西嘉的海面過於遼闊呢，還是沉船的具體位置並不在科西嘉島？抑或是隆美爾並沒有炸沉快艇，甚至艇上並未載有珍寶？誰也說不清。

　　1980 年，美國《星期六晚郵報》二月號刊載了一篇令冒險家們十分感興趣的文章：〈「沙漠之狐」隆美爾的珍寶之謎〉，作者署名肯‧克里皮恩。作者說，聲東擊西的「沙漠之狐」並未用快艇載運珍寶。這批珍寶密藏在撒哈拉大沙漠中的一座突尼西亞沙漠小鎮附近。小鎮附近遍布形狀相差無幾的巨大沙丘。這批珍寶即埋藏於某座神祕的沙丘之下。

作者說，1942 年 11 月，美英聯軍在北非登陸。次年年初，兵分兩路從東西夾擊德義軍隊，前鋒逼近瀕臨地中海的突尼西亞城。1943 年 3 月 8 日清晨，居住在距突尼西亞城不遠的哈馬邁特海濱別墅裡的隆美爾發覺英軍已控制了海、空權，他的珍寶已無法由海路安全運出，決定就地藏寶。

3 月 8 日深夜，在隆美爾與他的親信嚴密監視下，這批珍寶被分裝在 15～20 輛軍用卡車上，車隊在漢斯·奈德曼陸軍上校的押運下連夜向突尼西亞城西南方向行駛，在撒哈拉大沙漠邊緣的一座小鎮 ── 杜茲停下。汽車駛至杜茲後，前方即是大沙漠，無法行駛。漢斯·奈德曼購買了幾十匹駱駝，將珍寶分裝在駱駝上，於 3 月 10 日踏入撒哈拉大沙漠。

駝隊在沙漠中跋涉兩天，最後將珍寶按預定計畫埋入數以萬計的令人無法分辨的某座沙丘之下。負責押送、埋葬珍寶的德軍小分隊在返回杜茲途中，意外的遭到英軍伏擊，小分隊全部喪生。藏寶人連同寶藏的祕密一起被撒哈拉大沙漠無情的黃沙埋藏了。撒哈拉大沙漠一望無垠，白天溫度常在華氏百度以上，人稱之為無情的地獄。誰敢貿然叩開這無情的地獄之門？隆美爾的大批珍寶能有重見天日的一天嗎？

有的人對以上說法表示懷疑。他們認為，所謂隆美爾密藏珍寶云云，只不過是一個引人入勝的傳奇故事，誰要是對它認真起來，誰就是一個十足的精神病患者。

═ 拿破崙的財寶在哪裡 ═

西元 1812 年 5 月，法國皇帝拿破崙（Napoléon）率領 50 萬大軍對俄國進行遠征，並於同年 9 月 14 日占領莫斯科。此時的莫斯科幾乎是座空城了，大部分居民已隨俄軍撤退，近 20 萬人口的城市剩下的還不到 1 萬人。

飢餓和嚴寒威脅著法軍。由於戰線拉得很長，交通運輸常遭襲擊，糧食和彈藥供應不上，而俄皇亞歷山大一世（Alexander I）又不接受和談，在這種情況下，拿破崙不得不放棄剛占領不久的莫斯科，於 10 月 19 日向西南緩慢後撤。撤退中，沿途曾不斷受到俄軍和農民游擊隊的阻擊。就在這個時候，法軍龐大的輜重隊中有 25 輛裝滿了在莫斯科掠奪的戰利品的馬車突然失蹤了。自那時起，一個半世紀以來，拿破崙的這批戰利品究竟隱藏在哪裡，就成了鮮為人知之謎。

一位名叫尤‧勃可莫羅夫的蘇聯學者在閱讀英國歷史小說家瓦‧斯戈特所著的《法國皇帝拿破崙‧波拿巴的生涯》一書時，對其中的一些情節很感興趣：

「11 月 1 日，皇帝繼續痛苦的退卻。他在禁衛軍的護衛下，踏上了向斯摩倫斯克的道路。由於擔心途中會遭到俄軍的阻截，所以應儘快往後撤。」

「因感到目前處境的危險，拿破崙深知在莫斯科所掠奪的古代的武器、大砲、彼得大帝的大十字架、克里姆林宮中

的珍貴物品、教堂的裝飾品以及繪畫和雕像等已無法帶走，但又不甘心讓俄軍奪去，所以就命令將這些東西沉入薩姆廖玻的湖裡。」

但這個地方是哪裡？這個湖又在何處？勃可莫羅夫向蘇聯科學地理研究所去信，對方答覆說：

「在比亞古瑪西南 29 公里的沼澤地有條叫薩姆廖玻的河。那塊沼澤地也是以這個名字使用的。」

離開比亞古瑪 29 公里的沼澤地，拿破崙 11 月 1 日在比亞古瑪，第二天來到薩姆廖玻……這樣看來，隨著歲月的推移，這條湖有可能是變成沼澤地了。

西元 1835 年，根據斯摩倫斯克地區長官的命令，由夏瓦列巴奇中校率領工兵部隊曾對這個湖進行勘查。尼古拉一世（Nicholas I）撥款 4,000 盧布，用來建立圍堰，以便把水抽乾。後來，圍堰完成了，水也抽乾了，但還是竹籃打水一場空。

拿破崙的戰利品究竟到何方去了呢？

克里姆林宮地下真有珍寶嗎

俄羅斯歷史上赫赫有名的伊凡四世（Ivan IV），在克里姆林宮的地下室藏有大量的珍貴書籍和重要文件，這一說法既流傳於民間，也記載在書本上。但遺憾的是，親眼見過的人卻很少。雖然從 16 世紀起就開始有人進行探索，然而

時至今日，所謂伊凡四世「書庫」仍是欲窮底蘊而不能的一個謎。

西元 1533 年，年僅 3 歲的伊凡四世即位。西元 1547 年 1 月 19 日，在克里姆林宮烏斯平斯基大教堂舉行了隆重的加冕儀式，大主教把鑲滿珠寶的皇冠戴到莫斯科大公頭上，伊凡正式加冕為俄國第一個沙皇。

西元 1550 年，伊凡四世頒布新法，改革地方行政制度和軍事機構。為了鞏固具有專制政權的中央集權國家，他對以前的封邑公爵、世爵封建主、大貴族曾進行鎮壓。「恐怖伊凡」（Ivan the Terrible）這一使人感到恐懼的外號，正是由此而來。

伊凡四世收藏了大量的書籍，可能是真實的。這主要是從關於弗恩修道院的修道士馬克西姆・克里柯的傳說而得知的。據說這是一大批非常寶貴的古代抄本，其數量之多，足以抵得上一個圖書館。

這批書籍從何而來呢？

據說，是伊凡四世從他的祖父莫斯科大公伊凡三世和祖母索菲婭・帕列奧羅格（Sophia Palaiologina）那裡繼承來的。索菲婭是東羅馬帝國的末代皇帝君士坦丁十一世（Constantine XI）的侄女。她來到莫斯科時，曾從帝國的皇家圖書館裡帶走了一批極為珍貴的古代抄本。無疑，這些都是稀世的珍本。

伊凡三世想把所藏的書籍編個目錄，就叫馬克西姆·克里柯來完成。此人曾在巴黎、羅馬的教堂學習過，很樂意做這項工作。此外，他還利用這個機會，把本國使用的斯拉夫教會的翻譯本與希臘的原著進行了對照，對許多誤譯之處，逐一加以改正。

克里柯的這種做法使莫斯科的大主教約瑟夫大為不悅，認為有損教會的尊嚴。不久，他就離開了皇宮，後又被教團開除，還受到各種迫害。

以上就是關於修道士馬克西姆·克里柯和伊凡四世書庫的傳說。從這些傳說中，對圖書的編目工作是否完成了，大量書籍藏在克里姆林宮的什麼地方，則無從知曉。

在16世紀編輯的一本書中，對此事有如下記載：「德國神父魏特邁曾見過伊凡四世的藏書。它占據了克里姆林宮地下室的兩個房間……」

使人感到不解的是，在同時代的其他文獻或紀錄中，都沒有提起伊凡四世「書庫」之事。這是什麼原因？是藏書已散失了，抑或是本來就不存在呢？

到了19世紀，有兩個德國人對帝室書庫之說很感興趣。其中一人為了弄清藏書的來龍去脈，還特意來到莫斯科。他在古代紀錄保管所裡查遍了關於這方面的資料，也沒有找到所需要的線索。後來，他又對克里姆林宮的地形進行了調

第四章　寶藏密碼

查，也難以確定書庫的下落。儘管如此，他在離開莫斯科時，仍然認為：

「我堅信，伊凡四世的書庫還沉睡在一個不為人所知的地方。解開這個謎，對世界的文化來說可能連結著非常重要的發現。」

對書庫的命運，專家們的意見也是不一致的。有人說「克里姆林宮發生火災的時候，這批藏書可能被燒毀了」，有人說「這些書全移放到莫斯科大主教的圖書館，後來好像都散失了」，還有人認為，「伊凡四世的藏書確實存在，有必要對克里姆林宮進一步探索」。

這些看法暫且不談。而關於克里姆林宮的地下室，還有如下一段傳聞：

19 世紀末，克里姆林宮古玩器類的權威 —— 歷史學家扎貝林（Zabelin），曾聽某官員說過，他在造幣廠的文書保管所裡看到一本很奇怪的書，上面記的全是從前的事。其中有這樣一件事：在西元 1724 年，彼得大帝決定遷都聖彼得堡，把莫斯科作為陪都。同年 12 月，一個在教會工作的名叫奧希波夫（Osipov）的人，來到聖彼得堡，向財務管理部門提出一份報告，談到莫斯科的克里姆林宮的地下有兩個祕密的房間，房間的鐵門上貼了封條，還加了大鎖，裡面好像是放著許多大箱子。

經過一番研究，相關單位立即著手對克里姆林宮地下的調查。但不久，從聖彼得堡傳來指示，命令停止調查。

9 年之後，這個奧希波夫再次提出要求，希望能對克里姆林宮地下進行發掘。

結果怎樣呢？在公文保管處所保存下來的報告中曾這樣寫道：「儘管全力以赴，但沒有發現祕密場所。」

蘇聯科學院的索伯列夫斯基院士認為，雖說奧希波夫失敗了，但不能斷言伊凡四世書庫就不存在。他深信，這個謎總有一天會解開的。

是否有希特勒的「狼穴之寶」

1938 年，希特勒曾在波蘭的格魯貝爾河畔的一座小城肯琴（以前它又叫拉斯滕堡。該城的地理位置大約是跟巴黎在同一條子午線上）興建了一座日後被作為大本營的地下基地：「狼穴」。「狼穴」建在地下 20 多公尺深處，是一座名副其實的鋼筋混凝土城堡，四周有 80 處野外防禦工事和犬牙交錯的地雷網與死亡帶。在戰爭期間，拉斯滕堡是一個禁區。從 1939 年到 1944 年，「狼穴」是希特勒參謀部，一系列祕密的軍事攻擊計畫都是在這裡擬定的，在歐洲各占領國推行的許多社會施政方案也是從這裡出籠的。為了確保「狼穴」的絕對祕密，1 萬名修建「狼穴」的工人在工程結束後

第四章　寶藏密碼

都被槍殺了。制定「狼穴」工程方案的工程師和設計師們也被送上一架飛機載往德國西部。但是，就在降落時的剎那間，飛機突然爆炸了。

關於「狼穴」的傳說有許多，無論傳聞有多麼神奇，有一點是可以肯定的，那就是確實存在著一個「狼穴」。在這個一直延伸到地下 50 公尺深處的「狼穴」裡，有辦公室、套房、圖書館、檔案室、宿舍、兵營、食堂、娛樂室和健身房、游泳池，以及一座負責照明、取暖和空調的發電站，一座跟科尼格斯貝格──里格鐵路線相連接的地下鐵道網車站，一座地下降落場、一所醫院和一條高速公路。在「狼穴」裡還有一間造幣廠（歷史上從托普利茲湖裡撈上來的假美元和假英鎊可能也是在這裡印製出籠的）和一間銀行。據傳，納粹分子在這座神祕的地下金庫裡存放著一筆數量相當驚人的黃金、白銀和各種珍寶。據說這筆財產是為一個神祕的政治目的而準備的，也就是說，是遵照希特勒的命令，按照希特勒的設計，為使大德意志帝國在 20 世紀末能重新崛起而準備的。

戰後 10 多年來，無論是俄國人還是波蘭人，都沒能找到這座令人難以捉摸的地下金庫。很可能有一些祕密通道，其出口處大概在「狼穴」20 公里或更遠一些的地方。不過無論傳說中的「狼穴之寶」多麼驚人，人們卻從來也沒有發現關

於這筆財產的編制清單。因此，可能完全是憑預估，如果確實存在「狼穴之寶」的話，其價值可能將高達幾十億法郎。

「大德意志之寶」在哪裡

1944 年底，當德國在世界反法西斯武裝力量聯合攻擊下即將徹底崩潰前夕，希特勒已在考慮把德國政府的財產隱藏到安全地方去。在德國戰敗前 5 個月，希特勒曾經對他的親信們說：「我們最後將被打敗。英國拒絕停戰。邱吉爾（Churchill）將要為西方的覆滅對今後幾代人負主要責任。下次戰爭將會使歐洲在一天之內遭到滅頂之災。我們的民族要熬過這場大難，就必須重新舉起文明的火炬，把西方的精粹聚集在自己周圍。我要為未來大德意志帝國的崛起準備一筆龐大的財富」。

這是歐洲歷史上一個戰敗民族第一次隱藏自己的財富。在納粹德國隱藏的財產中，有兩筆最大的藏寶，一筆是已經得到可靠證實的藏寶：「大德意志之寶」，另一筆是帶有推測成分的藏寶：「狼穴之寶」。為了尋找這兩筆藏寶，已有好幾十人死於非命。

1945 年 4 月，人們發現，有近 1,000 輛卡車在負責轉移德國銀行的財產。這筆財產按當時的估價相當於 3,500 億法朗。此外，還有一大批首飾、金條、寶石、稀世藝術珍品，

第四章　寶藏密碼

以及納粹將領們的私人財產，教會財產，從義大利、南斯拉夫、希臘和捷克等猶太人身上掠奪來的財產等等。這就是「大德意志之寶」，其總價值預估可達 7,000 億法郎。這是在執行希特勒於 1945 年大決戰前夕下達的把當時還留在德國的所有財寶以「國家財產」名義隱藏起來的命令。

這批財寶有一部分已經找到和收回，其中主要有 1945 年 5 月隱藏在上奧斯一座鹽井底下的財寶，價值達 100 億法郎。隨後又找回了祕密警察領導者卡爾滕布倫納（Kaltenbrunner）隱藏在奧斯克里加別墅花園裡價值 10 億法郎的財產，以及 1946 年埋藏在薩爾斯堡的總主教府邸地窖裡的赫爾穆特・馮・希梅爾子爵的財產。後來，在紐倫堡附近韋爾頓斯坦別墅的鋼筋水泥地窖裡還找到了戈林（Göring）元帥的部分私人財產：36 個大金燭臺、一個銀浴缸、一批大畫家的名畫和極其罕見的白蘭地酒等等。

1946 年的一天，有一個曾經參加隱藏財產行動的前中尉法朗茲・戈德利奇透露說：有一筆相當大的財寶埋藏在奧地利倫德附近。他說：「我知道此事，因為我參加了那次行動。有 30 個貨物箱被俄國戰俘們埋藏了起來。不過，工作結束了之後，他們再也不會講話了，因為他們已經命歸黃泉！」

就在戈德利奇談到這筆財寶後不久，他自己也講不了話了，因為幾天以後他也神祕的失蹤了。戈德利奇的兄弟想調

查戈德利奇失蹤的原因，很快也收到了一封神祕的匿名信，叫他即刻放棄調查工作。

同一年，兩名尋找藏寶者赫爾穆特‧邁爾和路德維格‧皮切爾帶著精確的平面圖走進了奧地利山區。可是不久，人們就發現了他們的屍體。邁爾的心、肺和胃部被割了下來，塞在他的口袋裡。據說，謀殺者是要奪走並毀掉這份被邁爾吞進肚裡的文件。在離兩具屍體不遠的地方，人們找到了幾處已經空空如也的埋藏財寶的祕密點，這表示，被尋找的財寶已經被謹慎的轉移到其他地方埋藏起來了。

1952 年，住在拉佛萊施的法國地理學教授讓‧勒‧索斯無疑也是由於發現了藏寶的祕密而被暗殺了。

1952 年 8 月，兩名獨木舟運動的業餘愛好者想去托普利茲湖上泛舟。其中一名叫格特‧格倫的運動員突然在一個深坑裡自殺了。負責調查此事的相關當局覺得非常奇怪，特別是因為格倫的夥伴漢斯‧凱勒，一個曾經參加過當年擾亂同盟國經濟活動的「伯恩哈德行動」的前納粹德國黨衛隊隊員卻沒有留下任何痕跡的離開這個地區，神祕失蹤了。

倫德銀行的一名職員伊曼紐爾‧韋爾巴也曾想找到卡斯坦山區的藏寶，結果人們卻找到了他已經被肢解的屍體。

也是在 1952 年，有一個叫約瑟夫‧馬泰的野營者，在里弗萊科普山區神祕失蹤了，只有他的野營帳篷被遺棄在一片

空曠的山谷裡。

1953 年 5 月，在里弗萊科普山區還發現過另一具屍體和 8 個已經空空洞洞的藏寶處。

所有這些稀奇古怪的暗殺和失蹤事件明顯的表示，隱藏在奧地利阿爾卑斯山區的財寶是被一些祕密的突擊隊嚴密控制和守衛著。這肯定是一筆相當龐大的財寶，因為，人們從一個當年被美國人逮住的德國嫌疑犯身上，找到了一份有納粹德國黨衛隊將軍弗里奇（Fritsch）正式批示和簽名的如下清單：66 億瑞士法郎、99 億美元、13.5 億金條、294.9 顆鑽石、9.345 萬個郵集和藝術品、54.25 億件麻醉品。

1960 年，成了以色列階下囚的曾被紐倫堡國際法庭判處死刑的阿道夫‧艾希曼（Adolf Eichmann）在布拉亞‧阿爾默的高山牧場區就埋藏了價值 190 億法郎的財寶。

美國的武裝部隊和聯邦調查局一直在奧地利托普利茲湖區尋找著希特勒德國的藏寶，其中有一部分已經找到。1959 年 7 月，德國技術人員帶著超音波深測器和水下攝影機，在托普利茲湖下 70 ～ 80 公尺深處的湖底確定了 16 個貨物箱的位置。許多貨物箱已被打撈上來。人們在貨物箱裡發現了偽造得和真的完全一樣的假英鎊。其價值達 100 億法郎。這批假英鎊出自當年薩克森豪森集中營裡被德國人關押中的偽幣製造能手。當年，這批假英鎊是納粹德國用來擾亂盟國經濟

的「伯恩哈德行動」的主要王牌。

人們認為，海拔 2,000 公尺高的托普利茲湖裡至少沉沒著 20 多個密封箱，其中除已經找到的假英鎊外，還有首飾、黃金、人造寶石和樣機原始設計圖。因為，在 1945 年，那裡曾有一個祕密武器研究基地。據戰爭期間在該地區從事抵抗運動的奧地利抗德戰士奧爾布雷克特・蓋斯溫克雷認為，真正的金條埋藏在湖區假英鎊附近的地方。人們在富斯施克城堡附近的一座小村莊費斯特諾的一個穀倉裡找到了 1945 年納粹黨衛隊領袖薩瓦德埋藏的兩個大箱子。在一個今天已成了屠宰場的混凝土地下發現了當年納粹德國外交部長的一個藏有黃金、外幣和珍寶的小藏物處。

也有人認為，「大德意志之寶」的主要財寶已經多次轉移，其主要藏寶處分散在山區，主要是在奧地利加施泰因、薩爾斯堡、薩爾茨卡梅爾克附近地區。這些藏寶受到非常嚴密的監控，非熟悉內情的人看來是不大可能找到它們的。有人認為，主要藏寶點是在奧斯小城周圍。該城離薩爾斯堡的直線距離約 60 公里，處在兩個長 10 公里湖的西南盡頭。奧斯在戰爭期間是納粹德國最後頑抗的據點之一，是希特勒在 1949 年底擬定的一個方案中的主要策略點。在紐倫堡審訊期間，人們預估有價值 2 億多馬克的財產被隱藏在奧斯地區。

原聯邦德國政府和奧地利政府都在竭力尋找這批財寶。

法國、美國、俄國和以色列的祕密機構也在窺視這批藏寶。因為，從法律上來講，各方幾乎都可以有權要求得到這筆財產。不過，誰也無法知道，這批神祕的「大德意志之寶」最後究竟會落到誰家之手。

誰擄走了北京猿人化石

　　1918 年春，在北京西南郊 50 公里處的周口店，瑞典籍地質學家安特生（Andersson）首次發現哺乳動物化石。此後，在周口店陸續發現數枚人牙化石。經解剖學家研究，這些化石屬於古人類的一個新種屬，命名為「北京人」。

　　10 年以後，1928 年 12 月 2 日，北京大學裴文中在周口店發掘出一個完整的猿人頭骨。這是一個重大的發現，是古人類學、舊石器時代考古學、古脊椎動物學和第 4 紀地質學研究中一件劃時代的大事，它為研究人類的起源及其發展，為再現早期人類的生活面貌，提供了極其珍貴的第一手資料。

　　1928 年 12 月以後至 1937 年 7 月盧溝橋事變前，在周口店經過 11 年挖掘，先後發現了代表 40 多個「北京人」的人骨化石及大量石器。

　　中國猿人化石是一批無價之寶，當時集中珍藏在北京協和醫院的保險箱裡，由著名的德國籍人類學家魏敦瑞（Weidenreich）負責保管並研究。

1941 年初，日美關係趨於緊張。魏敦瑞提出，珍貴的中國猿人化石繼續留在日軍統治下的北京很不安全，建議將化石暫時轉運至美國紐約歷史博物館保存，待戰後再運回中國。

經多次交涉，中美雙方就此事達成協議。11 月中旬，美國駐華大使館自重慶來電，指令美國駐北京公使館負責轉運事宜。

11 月 20 日，北京協和醫院奉命將中國猿人化石祕密裝箱。裝箱的化石有：頭蓋骨 5 枚，頭骨碎片 15 枚，下頜骨 14 枚，鎖骨、大腿內、上臂骨、牙齒等 147 枚。全部化石分裝在兩個大木箱內，由美國公使館運送至美國海軍陸戰隊總部，指令美軍上校阿舒爾斯特負責押運。

阿舒爾斯特上校命令士兵將兩個木箱改裝到美軍專用標準化箱裡，等待裝船。按照原定計畫，12 月 11 日有一艘「哈里遜總統」號輪船將由上海抵達秦皇島，然後由秦皇島駛往美國。美國海軍陸戰隊軍醫福萊受上校之命，將標準化箱連他個人的行李共 24 箱由北京押運至秦皇島霍爾坎伯美軍兵營，福萊將要護送這批化石安全抵達美國。

天有不測風雲，意想不到的事情發生了。12 月 7 日，珍珠港事件爆發。秦皇島霍爾坎伯軍營被日軍占領。美國海軍陸戰隊隊員全部成為俘虜。不久，這批俘虜被押送到天津戰

第四章　寶藏密碼

俘營。過了十來天，美軍戰俘的行李由秦皇島轉運至天津，福萊醫生的行李大部分還在，其中包括裝載中國猿人化石的美軍專用標準化箱。

福萊醫生將他的剩餘行李，包括標準化箱在天津就地疏散了：一部分存放在瑞士商人在天津建築的倉庫裡，一部分存放在法租界巴斯德研究所，一部分存放在中國友人家裡。疏散前，福萊醫生沒有打開過標準化箱子。

戰爭結束以後，裝有中國猿人化石的標準化箱子下落不明。中國的無價之寶經美國海軍陸戰隊之手，由北京至秦皇島，由秦皇島至天津，最後在天津失蹤。

中國猿人化石究竟落在何處？

一種說法是，標準化箱在秦皇島被裝上了「哈里遜總統」號輪船，但該船不幸在赴美途中沉沒。中國猿人化石沉入了海底。有人說，輪船沒有沉沒，而是中途為日軍所截獲，化石落入日軍之手，後來下落不明。

一種說法是，中國猿人化石根本就未出北京城，它被埋在美國駐京公使館的後院裡。一個在美國海軍陸戰隊總部門口擔任過守衛之職的衛兵回憶說，珍珠港事件爆發前夕，他看到有兩人將一箱東西偷偷的埋在院子裡，他猜測有可能是中國猿人化石。當年埋寶的地方，現在造有建築物，因而無法挖掘。真假如何，尚是未知數。

一種說法是，標準化箱被福萊醫生在天津疏散後，最終落入了日本之手。1942 年 8 月，有兩個日本考古學家到北京協和醫院尋找中國猿人化石。得知化石被轉移的消息，日本華北駐屯軍司令部指派專人進行跟蹤搜尋，關押、拷問了許多人。兩個多月後，有消息說在天津找到了中國猿人化石。但後來又有消息說，在天津找到的東西與猿人化石無關。孰真孰假，不得而知，日軍搜尋化石的行動就此中止。相關人員被釋放。從跡象看，日軍不見真寶豈能善罷甘休？抗日戰爭勝利後，相關通訊社報導，中國猿人化石在日本東京發現，東京帝國大學已清點交盟軍總部保管，即將由盟軍總部轉交中國云云。然而中國政府日後從盟軍總部接收的物品清單中卻沒有為世人所矚目的中國猿人化石。為此，當時中國駐日本代表團顧問李濟曾多次在東京尋找化石下落，盟軍總部應中國政府之請亦動員駐日盟軍廣泛搜尋均未果。

曾進行過調查，1949 年瑞士商人在天津開設的伯利洋行曾夥同北京總行進行過走私活動。走私物品不詳。

1972 年，美國巨商詹納斯懸賞 15 萬美金，尋找化石下落，世界各地提供了 300 多條線索，但無一條準確。

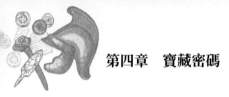

═ 失落在沼澤地裡的遺寶在哪裡 ═══════

　　幾百年來，世世代代的英格蘭人都無法忘記理查一世（Richard I）和約翰（John）這兩位國王，但原因截然不同。人們懷念理查是因為他和薩拉丁（Saladin）之戰中所顯示的騎士風度及人格魅力，而薩拉丁的誠實和俠義，也被東西方讚譽為俠士風度，所以他們永遠受到後人的崇敬和熱愛。人們無法忘記約翰有兩個原因，一是據說這位不得人心的國王是狼人。他死後，當年的僧侶們曾在日記中詳細記述了他們是如何聽到約翰在墓穴裡發出聲音，最後不得不把他的屍體掘出來移走。二是因為他把價值連城的英格蘭王室的寶藏陷在了沼澤地裡，使得後人幾百年來搜尋不已、眾說紛紜。

　　西元 1189 年，理查一世繼位後，封他弟弟約翰為莫頓伯爵和愛爾蘭公爵，但他要求約翰答應在理查十字軍東征期間不進入英格蘭。然而，當理查在西元 1190 年啟程東征後，約翰立即違背自己的誓言。西元 1193 年理查在德意志被拘留時，他趁機奪取王位未成。西元 1199 年理查一世死後，他終於成為王位的繼承人。

　　繼位以後，約翰陷入了沒完沒了的對外對內爭端之中。先是英法兩國重啟戰端，好不容易與法國的戰爭才結束了。西元 1206 年坎特伯雷大主教死去，約翰反對任命朗頓（Langton）為大主教，因而與教宗依諾增爵三世（Innocentius

PP. III）發生爭吵，被教宗判處絕罰。這時的英格蘭國內怨聲載道，內戰終於在第二年爆發。西元 1215 年 5 月叛軍占領倫敦，西元 1215 年 6 月 15 日，約翰不得不簽字接受貴族們提出的大憲章。

不久戰火復燃，法國路易親王侵入英格蘭。西元 1216 年，約翰向教宗表示屈服並向教宗納貢稱臣，這場糾紛才算和解。約翰與教宗重新和解後，在教宗的支持下，他開始了向貴族們復仇的行動。

約翰率領一支僱傭軍洗劫了自己的國家，占領了一座又一座城市，只有倫敦能倖免。在這種情況下，貴族們決定向法國求助，並願意讓法國皇儲路易登上英國的王位。西元 1216 年 5 月 12 日，法國皇儲帶領軍隊在多佛登陸。

在約翰占領的城市中，他建造了 20 多個官邸，但沒有一個能成為他長久的家，一年到頭，他總是在每個地方只待幾天。其全部的貴重物品也都被帶在旅途中，分裝在無數個大箱子裡，在各地不停的輾轉。

儘管這位國王一生名聲不佳，死後更多貶詞，但他畢竟受到過良好的教育，有極高的文化修養和高雅的品味。約翰最大的特長是鑑賞珠寶，他收集了很多非常珍貴的珠寶。還有，因為他喜歡到各地遊玩打獵，常年在各地接觸民眾，所以他非常熟悉英格蘭國情，在位期間司法清明，國庫充盈，稅收和軍事都有所改進。

第四章　寶藏密碼

　　約翰不斷擴大他的收藏品，在他蒐集的珠寶中，有幾件稀世珍品是他在歐洲大陸透過經紀人手中買下來的。出於喜愛，他總把這些珠寶帶在身邊，還為此製作了特別的箱子。但有時為了安全起見，他也把收藏中的一部分分散到全國各地的修道院保管。但他要求手下的人，必須非常仔細的在清單中標出。在他託人保管的珍寶中有他的祖母、德國皇帝亨利五世（Heinrich V）的遺孀瑪蒂爾達（Matilda）皇后加冕時皇權的象徵物：一頂來自德國的大皇冠，紅衣主教的短袖束腰長袍，鑲嵌著寶石的腰帶，一塊亨利五世加冕時披戴的真絲幔帳，一顆極大的藍寶石，帶有金色鴿子的金節杖，兩柄寶劍，還有金杯和金十字架。

　　西元 1216 年夏末，英格蘭的貴族們終於了解到，法國軍隊不是他們的同盟者，他們來英格蘭的目的只是希望得到更大的利益，於是貴族擁護法國軍隊的越來越少，約翰感到機會來臨，便於西元 1216 年 9 月中旬轉入反攻，向那些把他的東西交給法國人的人進行報復。

　　9 月 17 日，約翰來到劍橋，拜訪了兩座歷史悠久的城堡，緊接著向林肯前進，隨後前往諾福爾克伯爵領地。10 月 9 日、10 日，他停留在沃施河南部（即今天的金斯林恩）。

　　10 月 11 日，約翰從金斯林恩前往維斯拜赫，第二天向斯維納海得方向行進。在約翰到達金斯林恩城時，他從各地搜

刮來的戰利品已經多得不計其數，龐大的軍隊中那些結實的箱子裡珍寶越來越多，他不得不下令把那些行李留在了金斯林恩。

隨後，約翰的隨從們接到命令：為了與國王在斯維納海得匯合，他們要走直接通過維爾斯特雷姆河的路，並橫穿河口，因為此地的流沙充滿了陷阱，所以極其不安全。收集 13 世紀英國歷史資料最豐富的編年史大修道士馬特烏斯‧帕里金西斯記下了這一重大事件：「當時渡河時霧很大，車輛通過沙地開始步履艱難的穿越這個危險地帶，可能先鋒部隊陷入了淤泥中，那些很快淹沒回來的水又攔住了他們的退路，使他們進退兩難。」英格蘭國王約翰本人就在現場，他眼看大事不好，便想去找人求救，但被靠近的河水逼得退了回來。

這時，約翰突然發現，水中的土地突然裂開，漩渦把所有一切，人和馬，捲到了水底。轉眼之間，這位英格蘭國王不但失去了他的軍隊、車馬，也失去了他費盡心機多年蒐集來的所有的珠寶和從修道院儲藏室中取出的貴重物品，所有的一切都沉入了維爾斯特雷姆河的流沙中。

據估算，這些財寶今天的價值大約為 200 萬英鎊。這位國王本來就得了痢疾，轉眼間就丟失了所有的珠寶，連急帶氣，很快病入膏肓。

克羅克斯頓修道院院長聽取了國王的臨終懺悔，並為他

第四章　寶藏密碼

舉行最後的塗油禮。西元 1216 年 10 月 19 日，約翰在紐沃克去世，被安葬在伍斯特郡的大教堂。

在以後的 700 年間，這批王室的寶藏被遺忘在沼澤地裡。

直到 1906 年 2 月 15 日，倫敦文物研究者協會祕書約翰·豪普做了題為「國王約翰的行李隊伍的遺失」的報告，這才引起大眾對約翰遺失物品的興趣。

《每日郵件》日報的創辦者，同時也是業餘考古愛好者的沃德·克李維讓他的部下庫爾諾克來尋找這段傳奇痕跡。經過一段周折，庫爾諾克找到了另外兩個尋寶者阿維克多和蘇格蘭工程師威廉。威廉曾在荷蘭從事過蘇伊德湖的排水工作。

3 個人開始進行系統性的尋找。經過幾年的研究，他們得出結論：寶藏在地下大約一平方公里左右的矩形範圍內，但此地已經被湖水淹沒很久。威廉鑽了一個孔，發現寶藏沒有沉到 22 公尺深的堅硬的河床底部，他預估大概沉到了深度在 11 ～ 12 公尺間的流沙中。

1929 年底和 1930 年底英國政府分別頒布了兩個尋寶許可證，一個在薩頓橋附近；另外在薩頓附近的一個占地面積達 440 公頃的叫做「東方的薩頓橋」的地區，許可證明文規定，在扣除尋寶所需的所有費用後，寶藏的淨利潤由王室與尋寶者之間均分。但令人疑惑的是後來這事情沒有了下文。

　　1929 年夏天，來自巴爾的摩的富有的美國人約翰‧赫特‧博納獲悉此事，便決定為尋找寶藏籌措經費。後來他認識了一位叫龐森拜的人，並任命他擔任新成立的委員會的領導者。

　　1932 年 10 月 6 日，他們得到許可證，有效期限為 3 年或者乾脆直到發現寶藏為止。兩個月後，他們以「沼澤研究界限」為名註冊了一家股份公司，它的股份投資為 1,000 英鎊，被分成 1,000 張一英鎊的股票出售。

　　1933 年 6 月，博納遇到了一個從德國逃亡來的化學家卡爾‧格拉特維茨，他向博納承諾用他自行設計的一種金屬探測器 —— 探礦杖，可以最快速的定位寶藏，並能加快它們的挖掘。格拉特維茨馬上著手進行工作，經過到沼澤地實地考察，他準備要大約 500 英鎊的酬勞。然後他拿著自製的金屬探測器進行了不同的測量，這種金屬探測器是由一根插在軟木塞上、兩端掛在細線上的針組成的。9 月 15 日他作了如下報告：「在薩頓橋邊的一個長 8 公尺、寬 1 公尺的地方，在距離下沉的河床 50 碼的地方，至少有 24 輛裝有銀子和其他貨物的車，200 匹馱著金袋子的馬及士兵們，在沼澤地裡被陷進去，人數大約在 800 ～ 3,000 人之間，這些車上裝的是金子和銀子。」

　　儘管這篇報導引起轟動，除了博納在 1934 年春天確知他事先支付的 20,000 英鎊早已被花完以外，尋寶一事接下來

就沒有了下文。不久,公司解散時,其財務狀況已經無可救藥,很快在繁多的訴訟官司中走到了盡頭。

1950 年,英國又成立了「沃施河研究委員會」,對國王約翰寶藏的定位嘗試才重新開始。這個公司把找到曾經在中世紀用來穿越流沙的黏土堤壩作為它的首要目標。這一地帶歷來就潮濕、低窪、多水,再加上自中世紀以來這片土地的外貌發生了極大的變化,隨著潮水的漲落,維爾斯特雷姆寬闊的河口變成了乾涸的土地;原本的那條河也早已消失,以至於人們根本不清楚,沼澤地在哪裡結束,海從哪裡開始。

不久,來自迪肯海穆的電子測量工具專家塔克博士,在倫敦一家公司的資助下,研製出一種叫作「高阻表抵抗力米」的在土壤中測量電阻的儀器。「沃施河研究委員會」向塔克博士提出,用他提供的儀器去尋找黏土堤壩,塔克博士答應了他們的請求。

1954 年秋天,塔克博士帶著儀器與他的團隊第一次前往沼澤地。他在後來的工作報告中談到:約翰國王的隊伍選擇了一條比較堅固的淺灘來穿過維爾斯特雷姆河,這個淺灘直到 16 世紀仍被人們使用。但現代人必須清楚,從前維爾斯特雷姆的河岸與今天我們所知道的沃施河是完全不同的。這個地區的大部分已成為流沙。在近 3 年的研究工作中,他們對這種特殊的電阻測量法不斷的進行完善。具體的工作是:在

一條直線上將 30 個電極以同等間距插入地中，然後在兩個最外端的電極處透過地面以一個已知電流值，同時測量中間兩個電極間電的差。因為特殊的電阻透過電極間距的改變而改變，由於土質不同從這些變化中人們就可以得出結論。在年復一年的探測中，他們共用了大約 30 條橫線列出了 2 平方公里多的範圍，得到了 1,000 多個不同的值。最終證明了這一地區確實曾經有馬車經過。在所有的測量結果之後，結論是，在約翰王時代確實有一支隊伍橫穿河口。

後來呢？30 年的工作，難道就為了得到這個結論嗎？「約翰王」的那些珍貴寶藏到底埋藏在哪裡呢？

也許，將來我們還會找到那批寶藏，也許它們會永遠沉睡在那裡……

＝「黃金城」的寶物在哪裡 ＝

德國商人、考古學家施里曼（Schliemann）在土耳其西北部的希沙利克山丘上發現特洛伊古城之後，又來到了征伐特洛伊的希臘聯軍的統帥、邁錫尼國君阿加曼農（Agamemnon）的故鄉 —— 希臘南部伯羅奔尼撒半島的一個山谷中進行發掘。憑著對荷馬（Homer）史詩的篤信，以及對西元 2 世紀希臘歷史學家保薩尼亞斯（Pausanias）遊記中關於邁錫尼的生動描述的深刻理解，使他很快的使荷馬史詩中的另一名

第四章　寶藏密碼

字——邁錫尼成為舉世矚目的中心。

　　大約在西元前 2000 年左右的早期青銅器時代，邁錫尼文明就開始了，大約西元前 17 世紀，希臘人的一支亞該亞人在邁錫尼興建了第一座城堡和王宮。據荷馬史詩描述，興盛時期的邁錫尼是一個「富於黃金」的都市，以金銀製品名揚天下。

　　現存的邁錫尼城堡位於查拉山和埃里阿斯山之間的山頂上，平面形狀大致呈現三角形。城牆由巨大的石塊環山修建，高 8 公尺，厚 5 公尺。西北面開有一座宏偉的大門，門楣上立有三角形石刻，雕刻著兩隻躍立的雄獅，這兩隻獅子雕塑是歐洲最古老的雕塑藝術，這種左右對稱的雕刻形式顯然是受到東方文化的影響，邁錫尼城堡的正門因而被稱為「獅子門」。

　　「獅子門」內左邊有一間小屋，猜測是古代看門人的住所。在「獅子門」內側、獨眼巨人牆以東發現有 6 座長方形豎穴墓，這些墓葬被包圍在豎立的石板圍成的圓圈中，直徑約 26.5 公尺，稱為圓形墓圈 A。在石圓圈中，共有 6 座墳墓，這 6 座長方形的豎穴墓大小深度不同，長 2.7 公尺至 6.1 公尺，深 0.9 公尺至 4.5 公尺，墓頂用圓木、石板鋪蓋，大部分已經坍塌。6 座墓葬中共葬有 19 人，有男有女，還有兩個小孩，同一墓中的屍骨彼此靠得很近，這些屍骨大多被黃

金嚴密的覆蓋著，男人的臉上罩著金面具，胸部覆著金片，身邊放著刀劍、金杯、銀杯等；婦女肩上戴著金冠或金製額飾，身旁放著裝飾用的金匣，各種名貴材料作成的別針，衣服上裝飾著雕刻有蜜蜂、烏賊、玫瑰、螺紋等圖案的金箔飾件，兩個小孩包裹在金片之中。

施里曼發現這批古墓和墓中大量的金銀製品後，他結合荷馬史詩中關於阿加曼農從戰場凱旋歸來後，其妻子和情夫在宴會上趁其不備將這位邁錫尼國君謀殺的傳說，認定墓中戴著金面具的死者就是從特洛伊戰爭中歸來的阿加曼農及其隨從的遺骸。1951 年，即施里曼發掘邁錫尼之後 75 年，希臘考古學家帕巴底米特里博士發現了第二個墓區，稱為圓形墓圈 B，這個墓區在「獅子門」以西僅 100 公尺之遙，發掘出來的珍寶完全可與施里曼發現的差不多，而且時代與前者基本相當。這些長方形豎穴墓的年代約為西元前 1600 ～西元前 1500 年，早於特洛伊戰爭的年代，即西元前 1180 年左右。顯然，這些墓證實既不是阿加曼農及其隨從的墓地，也不會是阿加曼農妻子與情夫等的葬身之所，而是邁錫尼王族成員的墓穴，墓中的死者也是陸續安葬進去的。

大約與希臘考古學家發現圓形墓圈 B 同一時期，英國考古學家韋思等在獨眼巨人牆以西、獅子門之外的地區發掘了 9 座史前公墓。這些圓頂墓均屬於青銅時代中期，大約相當

於西元前 1500 ～西元前 1300 年。考古學家們在墓中發現了荷馬史詩中描述的建築物、武器和器物，從而，證實了邁錫尼與荷馬描寫的世界的密切關聯。

在這些圓頂墓中，最大的一座即是著名的「阿特柔斯寶庫」（「阿特柔斯（Atreus）」是阿加曼農之父）。這座墓的門梁是從一塊石灰岩上開採下來的，重達 120 噸，有 5 人高，寬近 5 公尺，厚約 0.9 公尺。邁錫尼人在沒有起重機和千斤頂的情況下，卻能將百餘噸重的門梁準確的安置起來，實在讓人不可思議！

這座墓的主室平面呈圓形，用黃褐色的石灰岩砌成，頂部疊堆成圓錐狀，高 13.7 公尺，底部直徑約 15.2 公尺，地面鋪石灰，北側山岩內還鑿出一方形側室。東側有寬 6 公尺、長 36 公尺的墓道，墓門總高 10.5 公尺，門內有長約 5.2 公尺的甬道，重達 120 噸的巨石即蓋於其上，墓室的四壁飾以壁畫。長期以來，人們一直認為邁錫尼君主將他們的藏寶都收藏在裡面，故稱之為「寶庫」。

邁錫尼墓掩埋在荒寂的山巒下長達 3,000 年之久。雖然自西元前 1100 ～西元 1453 年之間，多利安人、羅馬人、哥德人、威尼斯人、土耳其人先後占領希臘，光臨過這座黃金之城，但奇怪的是，他們都未能發現埋葬在地下的古墓珍寶。

　　大約在西元前 12 世紀，邁錫尼傾國出兵，遠征小亞細亞富裕的城市特洛伊，圍攻 10 年方才攻陷摧毀了特洛伊等城市。

　　邁錫尼城堡、宮殿、墓葬、金銀製品的發現再一次證實了荷馬史詩的真實性，解決了歷史上長期以來關於荷馬史詩的爭論，但同時也令人奇怪「富於黃金」的邁錫尼並不出產金礦，而黃金又是從何處來的呢？邁錫尼城壁壘森嚴，固若金湯，為何屢遭淪陷？「阿特柔斯寶庫」的石門梁重達 120 噸，邁錫尼人是用什麼方法將其安置上去的呢？尤為令人困惑不解的是，邁錫尼的大量黃金、珍寶為何在淪陷之後沒被人擄去？這一個個問題至今無人能解。

＝「聖殿騎士團」的珍寶藏在何處 ＝

　　西元 1119 年，幾個法國破落騎士，為保護朝聖者和保衛第一次十字軍東侵中建立的耶路撒冷王國，成立了一個宗教軍事修會。由於該修會總部設在耶路撒冷猶太教聖殿，所以叫作「聖殿騎士團」。

　　聖殿騎士團成立後，由於對伊斯蘭教徒，同時也對基督教徒的敲詐勒索，加上朝聖者們的不斷捐贈，以及教宗給予的種種特權，從而積聚了相當可觀的財富。他們擁有封地和城堡，為朝聖者和國王們開辦銀行，是歐洲早期的銀行家。

第四章　寶藏密碼

　　由於他們生活奢侈，貪得無厭，熱衷祕術，密謀參與政治活動，終於引起歐洲各國國王和其他修會的不滿，被斥為異端，從西元 1307 年開始被歐洲各國陸續取締。

　　西元 1307 年 10 月 5 日，法國國王腓力四世（Philippe IV）下令逮捕所有在法國的聖殿騎士團成員。法國國王想透過打擊聖殿騎士團，沒收其財富，以接濟日趨窘困的財政支出。但是，聖殿騎士團卻巧妙的把大量財富隱藏了起來。

　　據幾位歷史學家的記載和民間的傳說，當聖殿騎士團大團長雅克・德・莫萊（Jacques de Molay）在獄中獲悉，法國國王是要徹底摧毀該修會時，他採取了斷然措施，以便保存聖殿騎士團「傳統的和高尚的基本教義」，他把自己的侄兒，年輕的伯爵基謝・德・博熱叫到獄中，讓伯爵祕密繼承了大團長，要伯爵發誓拯救聖殿騎士團，並把其財寶一直存到「世界末日」。隨後他告訴伯爵說：「我的前任大團長的遺體已經不在他的墓穴，在他墓穴裡珍藏著聖殿騎士團的檔案。透過這些檔案，就可以找到許多聖物和珍寶。有了這筆財寶就可以擺脫非基督教徒的影響。這筆財寶是從聖地帶出來的，它包括耶路撒冷國王們的王冠、所羅門的 7 支燭臺和 4 部有聖・塞皮爾克勒插圖的金福音。但是，聖殿騎士團的主要錢財還是在其他地方，在大祭司們墓穴入口處祭壇的兩根大柱子裡。這些柱子的柱頂能自己轉動，在空心的柱身裡藏

著聖殿騎士團積蓄的鉅額財寶。」

　　西元 1314 年，雅克·德·莫萊被法國國王處死後，基謝·德·博熱伯爵成立了一個「純建築師」組織，並請求法國國王准許把莫萊的屍體埋葬到另外的地方，國王同意了。於是，博熱乘機從聖殿騎士團教堂的大柱子裡取走了黃金、白銀和寶石。他把這些財寶藏在棺材裡，也許還藏進了幾個箱子，並轉移到了只有幾個心腹知道的安全地方。由於聖殿騎士團長期熱衷祕術，有自己獨特的一套神祕符號體系。據說，他們就是用這種符號體系和祕密宗教儀式來隱藏和重新取出他們的珍寶。正因為這樣，對於聖殿騎士團鉅額財寶的下落至今仍然眾說紛紜，成了一個難解的歷史之謎。

　　有人根據當地的傳說和發現的聖殿騎士團的神祕符號，認為藏進棺材和箱子裡的財寶現仍在法國隆河省博熱伯爵封地附近的阿爾日尼城堡裡。據稱，那裡除祕藏著聖殿騎士團的金銀珠寶外，還有大量的聖物和極其罕見的檔案。

　　阿爾日尼古城堡現在屬於一位對聖殿騎士團頗有了解的伯爵雅克·德·羅斯蒙先生所有。1950 年，羅斯蒙先生接待了一位英國上校的拜訪。此據稱是英國一個教會的代表，是專程來找羅斯蒙先生洽談購買阿爾日尼城堡的。他告訴伯爵，願出一億法郎高價買下這座古城堡。然而，羅斯蒙伯爵的回答卻是：「不賣！」

第四章　寶藏密碼

　　1952 年，對聖殿騎士團神祕符號體系頗有研究的考古學家和密碼學家克位齊阿夫人在阿爾日尼城堡進行實地考察後聲稱：「我深信聖殿騎士團的財寶就在阿爾日尼。我在那裡找到了可以發現一個藏寶處的關鍵符號。這些符號從入口大門的雕花板上開始出現起，一直延續到阿爾錫米塔樓，那裡有最後一些符號。我認出了一個埃及古文字符號，它表示，除有宗教聖物外，還有一筆世俗財寶。」據克拉齊阿夫人說：「阿爾錫米塔樓上有 8 扇又小又高的三葉形窗戶，只有一扇窗戶是用水泥黏合的石頭堵塞的。必須開通這扇窗戶，並在 6 月 24 日這一天觀察射進這扇窗戶的光線束。2 ～ 3 點的陽光可能發揮決定作用，它可能將照射在一塊會顯示出具有決定性符號的石頭上。但是，我想只有一個人，一個熟悉內情的人，才會聲稱發現了祕密的鑰匙。」

　　一位對尋找聖殿騎士團財寶感興趣的巴黎工業家尚皮翁（Champion）先生，曾經在祕術大師、占星家阿芒·巴波爾和對聖殿騎士團祕術有專門研究的作家雅克·布勒伊埃的指導下，對阿爾日尼城堡進行過發掘。由於對刻在建築物正面的神祕符號的內涵始終束手無策，結果一無所得。雅克·布勒伊埃在阿爾日尼城堡思索幾年以後還寫了一本書，叫作《陽光的奧祕》，他在書中也表露了跟克拉齊阿夫人類似的看法。

對於聖殿騎士團的財寶是否藏在阿爾日尼城堡，城堡現主人雅克‧德‧羅斯蒙先生是這樣認為的：「在聖殿騎士團祕密口授圈子裡的阿爾日尼城堡原屬於雅克‧德‧博熱所有。古城堡當年有幸逃脫了腓力的破壞，因此，聖殿騎士團的財寶可能埋藏在那裡。但是，我們既無方法，又無任何理由去拆毀我的這座建築物裡那些令人肅然起敬的牆。只有科學探測工具，才可能給予確切的指示。」

法國「尋寶俱樂部」根據最新發現的資料認為，聖殿騎士團的財寶可能不在阿爾日尼，因為迄今並沒有找到任何有價值的資料可以確定它們的存在。「尋寶俱樂部」傾向於認為，聖殿騎士團的財寶可能隱藏在法國夏朗德省的巴伯齊埃爾城堡，因為那裡也發現了許許多多令人暈頭轉向的聖殿騎士舊的符號。巴伯齊埃爾城堡四周曾有三大塊聖殿騎士團的封地，人們在其中的利涅封地剛剛發掘出一座墓穴，從其中掉下來的一些石頭上刻著的符號中可以看出，在聖殿騎士團被消滅以後，有一個守衛隊曾在那裡待過多年，它的神祕使命似乎跟監視埋藏的財寶有關。

據說，聖殿騎士團還有另外一些財寶可能隱藏在法國的巴扎斯、阿讓以及安德爾 - 羅亞爾的拉科爾小村莊附近。在法國瓦爾的瓦爾克奧茲城堡的牆上也刻著聖殿騎士團的神祕符號，而且也有關於聖殿騎士團把財寶隱藏在那裡的傳說。

第四章　寶藏密碼

據法國歷史學家讓‧馬塞洛認為，在法國都蘭的馬爾什也可能會找到聖殿騎士團的藏寶，那裡以前曾是聖殿騎士團的「金缸窖和銀缸窖」的所在地。聖殿騎士團的心腹成員知道在需要時如何從中取出必要的錢財，並會按接到的命令把新的錢財又重新隱藏起來。總之，人們認為，聖殿騎士團確實把一大筆財寶隱藏了起來，但是，究竟藏在什麼地方，其謎底也許就像刻在石頭上的神祕符號一樣令人難以捉摸。

═ 漢墓國寶 ═

　　1995 年 10 月～ 1996 年 6 月，山東大學考古系，山東省文物局和長清區文化局為了不使位於濟南市長清區西南歸德鎮雙乳山頂部的雙乳山漢墓遭到破壞，對已因當地人開山取石對古墓造成損害的一號墓進行了搶救性發掘。

　　此次發掘共出土包括玉器、金餅、青銅器、車馬器、銀扣螺鈿漆器、錢幣、陶器等在內的各類文物共計 2,000 餘件。雙乳山漢墓以其宏大的規模，豐富的內涵，所蘊涵的複雜、精深的學術價值，引起了考古專家的高度注意。

　　雙乳山一號漢墓的隨葬品相當豐富，可辨識器物達 2,000件以上。主要出土於槨室和外藏槨之內。正藏槨內隨葬有銅器 100 餘件，器形主要有鼎、壺、鈁、燈等；玉器 50 餘件，種類有覆面、枕、璧、手握、「九竅塞」等；漆器數量也相

當多，在邊箱、棺箱內均有分布，但均已腐朽，難以統計；鐵器有劍、鏃、弩機等；金餅 20 枚；錢幣 20 枚，均為「五銖」錢；小車 1 輛，放置於北邊箱的西北角，長 2.6 公尺，寬 1.14 公尺，在北邊箱的東半部分，還散落著許多鎏金車馬明器；除這些之外，墓葬還隨葬了大量的家畜、家禽和水產品，主要置於東西邊箱和南邊箱內。外藏槨內放置有 3 輛大車 2 輛小車及若干車馬明器，極為豪華。

考古學者介紹說，西漢時期的馬車或偶車儘管已經發現了很多，但不是擾亂嚴重就是型式過於簡單，車體結構不清楚，某些器具的位置也相當混亂，但雙乳山漢墓中發現的 5 輛車子結構清晰，規格不同，為漢代車馬的研究提供了準確、寶貴的資料。

雙乳山的出土文物中，尤以玉覆面和金餅最為精緻、珍貴和令人矚目，據專家稱為絕世奇珍。

玉覆面出現於西周，歷經東周至漢代，至今為止共發現了 40 多副，但最為形象、完備的玉覆面卻是雙乳山漢墓室裡所出的這一套。玉覆面出土時仍然覆蓋於墓主面部，除去左耳片稍有傾斜之外，保存完好。其長 22.50 公分，寬 24.6 公分，係由工材加工成的分別對應人面的額、頤、腮、頜、頰、耳的 17 個片狀部件和鼻罩組合而成，共計 18 件。除鼻罩外均為素面。眼睛、嘴巴由相對玉片對應磨出，並非獨片相罩。整體形狀為臉形，非常具體。五片構思精細，組合精

巧，左右對稱，搭配協調，部位恰當，渾然一體。其中鼻罩透鏤線刻兼施，內琢空，鼻梁直挺，兩翼微鼓，整體豐滿盈溢，通體飾雲雷紋，工巧精絕，巧奪天工。各五片內側下稜和鼻罩邊緣處斜穿細微孔，孔孔對應，以便用絲線連綴，覆蓋死者面部。

此外，還有枕於主人頭下的玉枕，此枕由9件玉片、2件玉板、2件玉虎頭飾和竹板分兩層組合而成，結構巧妙，匠心獨具，是所發現的眾多漢枕中較複雜的一件。玉覆面和同出的玉枕、玉璧、手握、九竅塞等共同組成了一套完備的葬玉，這為研究漢代及其前後的喪葬制度提供了第一手的資料。

除玉覆面外，雙乳山漢墓還出土有金餅20枚，金餅的數量在已發掘的漢王陵中不算最多，但重量卻是歷代漢陵之最，總重達到4,262.5克。發掘的金餅可分A、B兩型。A型只有一枚，形體明顯較小，正面中心微內凹，邊緣捲起，光滑，背面隆起，凹凸不平，邊沿有用於穿繫的微孔，上無文字，外徑32公釐，穿徑4公釐，重66.5克。此枚金餅出土時位於內棺墓主人腹上部。其餘19枚可歸於B型，均形體較大，正面中心明顯內凹，背面隆起，邊緣突出上捲，澆鑄滴痕清晰，高低不平。金餅直徑、重量與其上文字、符號都不盡相同。其中外徑62～67公釐不等，平均每枚直徑64公釐。

19 枚金餅共重 4,196 克，最重的 246.9 克，最輕的 178.5 克。
據專家考證，雙乳山漢墓的年代當在西漢武帝時期稍偏晚，
即西元前 90 年前後。該墓規模龐大，棺槨、車輿都使用了西
漢諸侯王級的葬制，20 枚金餅有 7 枚上刻畫有「王」字，可
見應該是僅次於帝、后一級的王陵墓葬無疑。雙乳山漢墓所
在地長清，西漢時屬濟北國封地，所以墓主顯然是當時的濟
北國郡王。

　　據《漢書‧地理志》泰山郡條下載：「盧，都尉治。濟
北王都也。」盧，即今歸德鎮之西國街村的盧城窪，而雙乳
山北距盧城窪僅 5 公里左右，由此推斷雙乳山漢墓為濟北王
陵。據《漢書‧漢興以來諸侯王表》和《漢書‧諸侯王表》
所載，西漢濟北國自文帝前元 2 年（西元前 178 年）劉興居
始封，到武帝後元 2 年（西元前 87 年）劉寬自到國除為止，
其間 12 年為郡除外，共歷經 5 王 80 年。此墓葬中出土有五
銖錢幣 20 枚，而五銖錢始鑄於漢武帝元狩 5 年（西元前 118
年），所以此應為其年代上限。後元 2 年濟北國被除為縣，
未再復置，所以年代下限也不會晚於後元 2 年（西元前 87
年）。因此，墓葬的年代只能在漢武帝元狩 5 年到後元 2 年
（西元前 118 年到西元前 87 年）的 32 年間。

　　這一時段在位並死亡的只有劉胡和劉寬父子二人，所以
墓主只能是該父子之一。劉胡在位達 54 年，正處於西漢鼎

盛時期，表面看來，他似有足夠的時間、力量來營建如此規模的陵墓，但是發掘時所暴露的一些特殊現象，卻讓劉胡說陷入了矛盾之境。如入葬時間倉促，墓室、墓道大部分不平整，粗看起來整齊，細看起來卻較為粗糙，甚至石塊都未來得及運出；沒有使用漢代流行的玉衣入葬，甚至連玉珮也沒有；墓中至今尚未發現印章等。這顯然與劉胡的背景不符。

劉寬係劉胡之子，係因與其父之妃通姦，「悖人倫」，且在祭祖的場合詛咒先祖，而畏罪「自殺」，死得突然且極不光彩。所以，只好倉促入葬。還有就是漢人崇玉，往往「比德於玉」，鑑於此，劉寬所作所為是不配享用諸侯王葬玉之制的，墓中沒有發現玉衣入葬也就順理成章了。另外，在墓主頸下放置了兩件事先有意破碎的玉劍，似有一定的特殊寓意。因此，雙乳山一號漢墓墓主毫無疑問應是劉寬而非其父劉胡。

雙乳山國寶的發掘，對研究西漢諸侯的政治制度、風土人情有重大價值，同時該墓文物對研究諸侯王陵的典章制度也提供了寶貴資料。

＝皇后之璽 ＝

在陝西歷史博物館的展廳裡，陳列著一方玉，通體晶瑩潤澤。印面為正方形，邊長 2.8 公分，上面陰刻「皇后之璽」四個篆字；高 2.8 公分，重 33 克。印上部為螭虎紐，虎形

呈伏臥狀，頭尾微向左邊蜷曲，怒目張口，造型生動。玉印四周有線雕雲紋。經考證，印的主人是漢高祖劉邦的皇后呂雉。呂雉（西元前 241～西元前 180 年）是山東單父縣人，後來一家遷居江蘇沛縣。其父呂文和沛縣縣令是好朋友，呂文看中了沛縣泗水亭長劉邦，將女兒呂雉許配給劉邦為妻。劉邦與項羽爭奪天下時，發生戰爭，劉邦出征在外，呂雉留在家鄉，項羽把劉邦父親和呂雉俘虜，成了人質。西元前 203 年，楚漢停戰談判，以鴻溝劃界，劉邦父親與呂雉被釋放。後來劉邦戰勝項羽，建立大漢並稱帝，封呂雉為皇后，史稱「呂后」。

這方玉印的發現創造了兩項中國之最：一是中國最早發現的皇后印璽。二是玉璽的主人是年代最早的皇后。故歷史、藝術價值很高，被列為中國國家級文物。

1968 年 9 月的一天傍晚，咸陽市區東北 30 多公里的韓家灣公社韓家灣小學的 14 歲學生孔忠良放學回家。他沿著渭惠渠邊的路走到狼家溝，無意中看見渠南邊的土坎上有個東西在夕陽斜照下閃閃發光。起初他以為是隻躲在草叢中的小兔子在偷看他，就好奇的走近一看，卻什麼也沒有發現，只是那亮光仍在閃爍。於是他放下書包，用手刨挖起來。由於土質鬆疏，他很快便把這東西刨了出來。他擦去上面的泥土，發現是一塊光亮的玉石，玉石的上部趴著一個動物，下

面四四方方的，好像刻著字，可是他一個字也認不出來，於是把它帶回了家。

到家後便把玉石給哥哥看，兩人研究半天，覺得可能是顆印章，準備把上面的字磨掉，刻上自己的名字留著玩。可是這玉石特別堅硬，上面的字怎麼也磨不掉。過了幾天他們的父親孔祥發要到西安辦事，孔忠良就把印章拿出來讓父親帶到西安，找家刻字鋪把印上的字磨平後刻上自己的名字。

孔祥發向小兒子仔細問明印章的來由，端詳著印章的造型、質地、文字，儘管他也認不出是什麼字，但總覺得這東西非尋常之物。他想到印章出土之地在劉邦陵園之內，自己與到這裡來的文物工作者打過多次交道，有一些文物知識，再連結到這一帶常有人挖出古代陶盆、瓦罐、瓦當、麻錢之類的古物，意識到這顆印章可能是文物。

第二天他到西安後，直接找到省博物館，請他們對這方印章進行鑑定。博物館的人一看印章上的動物造型和印面上的「皇后之璽」四個篆字，當即認定它是珍貴文物。孔祥發詳細介紹了出土地點和發現經過，並表示願意將這方玉印交給博物館收藏。博物館給予了獎勵。

據《漢官舊儀》上記載：「皇后玉璽，文與帝同。皇后之璽，金螭虎紐。」而韓家灣發現的「皇后之璽」在呂后與劉邦合葬的封土之西約一公里的陵園之內，其形制、樣式、印

文內容及字數均與《漢官舊儀》所載相符，當為呂后之印璽無疑了。有些專家還認為，它可能原來是放置在呂后墓旁的便殿中供祭祀之物，後來便殿被毀，玉璽遺落土中，被水沖到狼家溝，遭泥沙覆蓋而致湮沒 2,000 餘年至今。

═ 良渚遺址玉器 ═══════════════

　　良渚文化距今已有 4,000 ～ 5,300 年的歷史，目前已發現的良渚遺址群面積約有 30 平方公里，各類遺址有 30 餘處。主要位於浙江太湖流域。

　　反山遺址是良渚文化遺址群中等級、身分、地位最高，具有「王陵」性質的墓地。

　　反山遺址考古發掘工作開始於 1986 年，歷時 3 個多月，由浙江省文物考古研究所配合基建工程完成。

　　反山是一座並不起眼的小土臺，占地約 3,000 多平方公尺，高約 5 公尺。發掘證實，它是良渚文化時期人工營建的土臺，兼有祭壇和墓地雙重功能。在太湖流域 3 萬多平方公里的土地上，經江、浙、滬考古學家發掘、調查得知，這類稱之為「山」或「墩」的地點，已有 100 多處，皆由人工營建，埋葬著大大小小、等級不同的貴族墓。

　　考古工作者在反山發掘了 660 平方公尺。

　　在距地表 1.60 公尺深的地方，發現了一處祭壇遺跡和 9

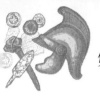

第四章　寶藏密碼

座良渚文化的貴族大墓，這是一座高度超過 5 公尺的人工土臺，也就是反山的主體。9 座墓葬分列南北 2 排，南列 5 座，北列 4 座。墓葬均是南北向的長方形豎穴土坑墓，3 公尺多長、1 公尺多寬，大多深 1.3 公尺，這在良渚文化時期是很少見的。這些墓葬內隨葬了豐厚的器物，多則數百件，最少的也有數十件，總數達到 1,200 多件（組），其中以玉器為主，超過 1,100 件（組），以單件計達到 3,500 餘件。

眾所周知，中國並非產玉大國，在四、五千年前的古代，中國最有名的玉器文化中，以遼西和內蒙東部的紅山文化與太湖流域的良渚文化最突出。據非全面性的統計，良渚文化玉器出土的數量大約已超過萬件，而反山一處幾乎占了三分之一。而且種類豐富，有琮、壁、鉞、柱形器、環、鐲、冠狀器、三叉形器、錐形器、半圓形器、璜、串飾、墜、帶鈎、長短不一的管、形態不同的珠、鳥、龜、蟬及大量鑲嵌用的玉片、玉粒等 20 多種，幾乎包括了所有的良渚文化玉器種類，其中很多是新發現的，極大的豐富了良渚玉器的器種。

反山玉器的雕琢技藝和形式也屬一流水準。除了光素無紋的玉器外，共有 100 餘件玉器雕琢了對稱和諧、規模精緻的紋樣。紋樣主要以神人面紋和獸面紋相結合的為主，這是良渚文化獨特的象徵，即集中反映了良渚文化對神的尊敬和

崇拜，也展現了良渚文化強烈的凝聚力，另外還有少量新發現的龍首紋。

　　神人面紋和獸面紋既能組合，又能分解後單獨出現，有的雕琢繁縟複雜，有的則十分簡化。反山玉器上發現了完整的神人和獸面複合的圖像。這是在玉器器表僅有 3×4 公分的面積上，用淺浮雕和陰刻線兩種技法結合的手法雕琢而成的。圖像的上部是頭戴寬大羽冠的神人面紋，臉面作倒梯形，圓眼重圈，兩側有小三角的眼角，寬鼻以弧線勾出鼻翼，闊嘴內用長線、短線刻出 16 顆牙齒。神人的雙手呈抬臂彎肘，扶在所騎跨的獸頭之上的狀態，五指呈伸展狀，細膩之處清晰可見關節。神人之下為騎跨之獸，獸面以橢圓形的凸面為眼瞼，中以重圈為眼，眼瞼以橋形凸面相連，寬鼻上勾畫出鼻梁和鼻翼，闊嘴刻出嘴唇、尖銳的牙齒和兩對獠牙，獸的前肢作蹲伏狀，有尖利的爪子，這種獸的外貌特徵與虎相似，是一種食肉動物。神人和獸面複合，表達了良渚先民「通天絕地」的神巫觀念，反映了當時意識形態的深層內涵。如此完整的神人獸面圖像，堪稱微雕一般的工藝水準，只有在反山玉器中出現，它代表了良渚文化玉器雕琢技術的高峰。

　　反山良渚文化玉器的大量出土，引發了學術界、古玉愛好者、收藏者的極大興趣和關注，學術界迅速掀起古玉研究

的熱潮。1980 年代以來,「北有紅山,南有良渚」,加上三星堆、大洋洲、石家河、凌家灘、三門峽虢國墓地、曲村晉侯墓地、成都金沙遺地等等,從新石器時代到商周、春秋,中國古代玉器的頻頻出現,使得玉器文化更燦爛輝煌,大大推動了研究的進展。

良渚文化玉器中最具有代表性的當數玉琮。這種造型奇特的玉器是良渚先民的創造,器形為外方內圓,中間是上下貫通的圓孔,所有的良渚玉琮均刻飾神人獸面紋。對於玉琮的用途、功能,可說是眾說紛紜,意見不一,但研究者在論述時,都把玉琮與神、巫連結起來進行闡說,而玉琮的主人,則應是掌握神權的人。良渚文化出土玉琮的地點,也不過十餘處,凡是隨葬品中有玉琮的墓葬,其他隨葬品一定比較豐富,反映了墓主人身分、地位之高。反山共出土了 21 件玉琮,其中最大的重達 6,500 克,而且是所有良渚玉琮中唯一在中間直槽上雕琢了八幅完整的神人獸面紋的一件,被稱之為「琮王」,成為國寶級文物。

玉璧是良渚文化玉器中唯一不雕琢神人獸面紋的器種,以厚重、圓大、光素為特點。在良渚文化隨葬品中較多見,反山 23 號墓出土玉璧多達 54 件。研究者多認為玉璧是財富的象徵物。

玉鉞是與石鉞形態基本一樣的器物,石鉞是良渚文化常見的石器,作為砍伐的工具或武器。用玉材製成鉞,就不具

實用性，但意義就不同尋常了。在大型的良渚文化玉器中，玉鉞的數量最少，而隨葬品中只要出現玉鉞，尤其是那種鉞的上端帶王冠飾、把手也用玉製作的豪華型玉鉞，其主人的身分、地位就特別高。不具實用性的玉鉞，象徵著軍事指揮權。

反山墓地的主人們擁有代表神權的玉琮、象徵軍事指揮權的玉鉞、展現大量財富的玉璧，以及裝飾在冠帽上、佩帶在身體上的各種特殊玉飾件，充分顯示了他們是凌駕在廣大平民之上的貴族階層。

= 青銅人頭像 =

四川省廣漢市真武村村旁的河南岸上，有三個土包，由於它們的排列很像天上的星星，故而稱三星堆。在三星堆的對岸還有一高地，兩頭尖中間彎，猶如一輪彎月，村民們將它稱作「月亮灣」。由於它們隔岸相望，因而成為當地的一個自然景觀——「三星伴月」。大概是這一優越的地理景觀，早在 3,000 年前就吸引古人在這裡居住，並且創造了一段輝煌的歷史。

早在 1929 年，有一個姓燕的村民在挖水溝時，意外的挖到一堆玉器，總數約有 400 餘件。消息傳到成都市的華西大學，立刻引起了該校老師的重視，校方於 1934 年派人到三星

堆進行了一次發掘。根據出土的玉、石、陶器等遺物，初步推斷這是一處「從銅石並用時代到周代初期」的遺存。

　　後來，四川的考古人員多次派人到三星堆一帶調查。1958 年和 1963 年曾進行了小規模發掘，根據當地遺址密集的特點，專家學者提出了該地「很可能是古代蜀國的一個中心都邑」的推斷。1980 年，考古工作者對三星堆遺址又一次進行發掘，並確認這是一處有濃厚地方特色的商周時期遺存。

　　1986 年，由四川大學和四川省考古研究所組成的聯合考古隊，在三星堆展開了一場大規模的考古發掘。7 月 18 日，磚瓦廠工人在挖土方時，意外發現一根長 40 公分的玉器。依據這一重要線索，考古隊立刻對該處進行了搶救性發掘，7 天後，一個龐大的器物坑被打開了，人們在驚喜中發現了 50 多年來夢寐以求的東西。在這個長 4.6 公尺、寬 3.5 公尺、深 1.64 公尺的 1 號祭掃坑中堆滿了 400 多件金、銅、玉、象牙等不同質地的珍貴文物。一個月之後，又一座長 5.3 公尺、寬 2.3 公尺、深 1.55 公尺的土坑在 1 號坑附近被發現，在這個編號為 2 號的祭祀坑中發現了一尊高 2.6 公尺的青銅人像，周圍是一大堆青銅器和玉器，珍貴文物多達 1,000 多件。

　　三星堆祭祀坑出土的文物，大多被賦予神祕色彩，既令人回味無窮，又充滿懸念。

　　祭祀坑出土的用純金箔包木芯而成的金杖，長 142 公

分，表面有平雕紋樣：上部為兩背相對的魚和鳥，下部是頭戴五齒高冠、耳垂三角耳墜的人頭。這大概是象徵權力的權杖，代表至高無上的王權。出土的最大一株青銅神樹，高390公分，上有巨龍、禽鳥、花果等等。這是中國已知最大的一件青銅器。

在一個神權國家裡，巫師具有特殊的地位，最高統治者本身就是大巫師。三星堆祭祀坑發現的青銅大立人像，光足立在方座上，頭戴高冠、身著布褉長衣、腦後椎髻，雙手作掘持狀。由於形象近似《蜀王本紀》裡所說的蜀人，因此有的學者認為很可能是某個蜀王的塑像。

也有一些 13.3 公分高的小人像，如有的頭戴平頂雙角冠，身穿對襟長服，腰部束帶，雙手扶腹，右腿蹲屈，左膝跪地，光腳。顯然身分要低許多。

祭祀坑出土的大量青銅人頭像，更以其形象之奇特、鑄造工藝之精緻，受到人們的特別關注。他們或平頂、闊眉大眼、高鼻大嘴、長髮梳向腦後；或頭戴回字紋平頂冠，粗眉大眼、高鼻大耳、嘴角下勾；或回頭頂、濃眉大眼、蒜頭鼻，頭後飾蝴蝶形花笄；或將髮辮盤於頭上，粗眉大眼。高鼻圓耳、嘴角下勾。有人認為，它們的形態差異，代表了不同身分和不同級別的巫師。

祭祀坑發現的人面像，形態也各具特色，極富神祕色

彩。如有的闊眉大眼、眼球突出眼眶，鷹鉤鼻、大嘴上翹耳
際，雙耳向斜上方伸出；有的做成方甌寬面，粗眉大眼、
鼻稜突出、闊嘴嘴角下勾；有的長臉，短眉、杏葉服、高鼻
梁、嘴角上翹、長直耳。

　　三星堆祭祀坑的出土向人們提出了很多疑問，如既然這
兩個器物坑具有祭祀功能，那麼祭祀的對象是什麼呢？這個
遺址究竟與巴蜀國有什麼關係？等等。

　　為此，各科專家齊聚一堂，共同努力，正逐步揭開三星
堆神祕的面紗。不少學者認為祭祀坑既祭祀日月星辰，也祭
祀土地和祖先。

　　三星堆究竟與巴蜀古國有什麼關係？學術界普遍認為，
三星堆遺址是古蜀國的一個重要統治中心。蜀國是川西平原
的一個古國，但它的面貌一直不為人知。千百年來，人們對
它的了解，僅限於西漢揚雄的《蜀王本紀》和東晉常璩的
《華陽國志》中殘缺不全的記載。三星堆文化的發現開拓了
人們的視野，學者們開始對歷代發現於川西地區的不同於中
原地區的一些古器物進行了大量的研究，肯定了巴蜀文化的
存在，進而又勾畫出古蜀國文明的初步輪廓。透過對遺址進
行的深入調查顯示，三星堆遺址總面積為 12 平方公里，在三
星堆的東、西、南三面，還發現了巨大的城牆，證明它是一
個古城。這個城東西長 1,800 多公尺，南北寬 1,400 公尺，總
面積 2.6 平方公里。城牆始築於商代前期。城內已發現房屋

基址 40 多間和許多窖穴，祭祖坑和其他遺存分布於城內各個部位。從古城中的發現可以看出，蜀國是個文明程度較高的古國。尤其對神權力量的信服程度高深。

據測定年代資料和考古工作者的推斷，三星堆祭祀坑的年代分別為西元前 14 世紀和西元前 11 世紀左右。

儘管對三星堆祭祖坑乃至三星堆文化的研究獲得了不少成果，但要完全揭開其神祕的面紗，尚須做大量工作。隨著成都平原及其附近地區的考古工作不斷擴大，新資料不斷出現，一些結論將會受到挑戰，不少學術問題的討論將繼續進行，但對有些問題的了解也會不斷趨於深入。

商代青銅器

贛江流域地區的文史記載，歸納起來只有四個字「荒蠻服地」。然而就在人們漸漸淡忘這塊被歷史「忽略」的荒蠻之地的時候，1989 年這塊大地卻為人們帶來了驚喜。1989年，在這裡發現了新幹大洋洲商代大墓。靜臥在千里贛江中游東側的這座大墓，是一座名副其實的藝術寶庫。珍藏在30 多平方公尺墓室中的千餘件隨葬品，每一件都是價值連城的藝術瑰寶，都是先民們智慧的結晶。它使人們驚訝的看到：一度被視為「荒蠻服地」的贛江 —— 鄱陽湖流域，早在3,000 多年以前就存在著非常發達的青銅文明。珍藏於墓室中

的每一件隨葬品，都是這支燦爛文明的最好見證。

　　新幹大墓是新幹縣大洋洲鄉農民在該鄉程家村澇背沙丘取土時發現的，後由江西省文物考古研究所和新幹縣博物館的考古人員進行科學發掘。

　　新幹縣（舊名新淦）是江西省中部吉安地區的一個古縣，始建於秦代，是江西省最早置縣之一。澇背沙丘位於新幹縣城北 20 公里，方圓僅數平方公里，西瀕贛江僅 1 公里。其東南 4 公里處是牛城商周遺址，西越贛江約 20 公里處為著名的吳城商代遺址。1989 年 9 月 20 日，是一個略顯悶熱的日子。沙洲上千餘名鄉民在餘焰猶熾的秋陽下揮汗掘沙。一個年輕人使勁一鍬下去，「噹」的一聲，鍬被一塊硬物阻止，連手臂也感到了震動。呼喊上來幾個人，合力扒開沙層，一件古色斑駁的青銅鼎出現在眼前。人們驚呆了，繼而又發瘋似的挖崛起來，一件接一件的大大小小的青銅器遍體鱗傷的被人們挖了上來。

　　消息很快傳到了縣城，分管的副縣長率領文化、公安兩局局長和 10 餘名幹部迅速抵達現場。

　　在夜幕降臨的沙洲上，面對喧鬧攘攘的人群，他們做出了保護文物的決定。

　　翌日，獲悉此事後，中國國家文物局提出了三個指示：

➤ 組織力量，確保文物安全。

➤ 同意搶救性發掘，但範圍不能太大，首先要確定好方位。

➤ 一定要進行科學發掘。

不久，重組發掘團隊，開始正式發掘。至 11 月 16 日，全部遺存已暴露地面。12 月 4 日，田野發掘工作全部結束。次年 2 月 17 日，出土器物運抵江西省博物館，開始了保護、修復和室內整理、研究工作。

這是一次重大發現。在面積不到 40 平方公尺的範圍內，出土各種質地的器物千餘件。除器作較小的玉片之類外，有青銅器 475 件，玉器 754 件（顆），修復完整的陶器 139 件。後經評定，其中有國寶 5 件。另有一級品 20 件，一級乙等 20 件，一級資料 2 件，二級品 16 件。

出土物中，青銅器無論是數量、種類，還是造型、鑄工皆為全中國罕見。最為引人注目，禮器，歷來被視為青銅器中的「重器」，此墓竟出土鼎、鬲、甗、簋、豆、壺、卣、瓚、匕等 10 多種 50 餘件。它們大都以形體高大、造型美觀，令人讚嘆不已。通高 90 公分的臥虎大方鼎，兩個高聳的鼎耳上各臥一虎，伸腰屈足，很是威嚴。四足的立鹿大鼎，高達 100 多公分，兩耳之上各立一幼鹿，一雄一雌，回眸相顧，給人溫馨、祥和之感。其他如四羊罍、圓腹鼎等也為青銅器中的巨制。而形態大方或小巧玲瓏的中小型器，如鬲、扁足鼎、小方鼎、瓚和假腹豆等，則以鑄工精細、紋飾綺麗

引人注目。其中，7件虎耳虎形扁足鼎尤顯突出。此七鼎耳上各臥一虎，立耳，凸目，口略張，露出三角利齒，展體，屈足，後有上捲尾；足為透雕狀的變體虎形，目圓凸，口大張，三角齒外露，展體，屈足，上捲尾，末端收為尖勾狀，背有勾戟狀凸脊。這種鼎具有濃郁的地方特點，充分反映了虎在吳城文化先民精神生活中的重要地位。

　　相對於扁足鼎，那件瓚則充分反映了中原文化對江南的傳播和影響。此瓚以觚形器為體，安上形如玉圭的銅柄而成。形制古樸，紋飾典雅，為商代青銅器中罕見的佳品。瓚，《經籍纂詁》訓為「勺也」，是以玉圭為柄的祼挹酒器。它是禮制活動中所使用的一種非常重要的禮器，其名不僅見於商代銘文，且累見於經典文獻。但是，現存商周青銅器中，瓚卻十分少見。據載，目前僅巴黎吉美博物館藏有一件中國商代的玉柄銅瓚。這次，它在贛江 —— 鄱陽湖流域地區出土，充分證明中原文化對江南地區產生過重大的影響。還說明當地的文化的演進階段已處於文明時代。

　　在新幹大墓出土的這批青銅禮器中，還不乏全中國商代遺存中首次發現的孤品或形制異特者，如帶門夾腹方鼎和腹部鏤空的提梁方卣即是。此二器，被稱為是中國最早的火鍋和溫酒器，評為一級品。

　　青銅樂器有鐃3件、鎛1件。3件鐃均為形體高大、厚

重的「大鐃」，鎛為鳥飾鎛，據過去的文獻記載，鎛由鐘發展而來，而鐘的出現是進入西周以後的事。現在，在一座商代晚期的大墓中出土造型、裝飾都十分成熟的作品，為研究中國青銅器的歷史提供了極為寶貴的實物資料。三件鐃的出土也具有同樣的意義。鑑於樂器對樂音有著特定的要求，其澆鑄技術較之一般青銅器要求更高，故樂器的出現可作為衡量青銅鑄造業發展水準的象徵。青銅樂器與青銅禮器一樣，也代表擁有者的地位、身分、權力、財富皆遠之高於普通民眾。

兵器出土數量之大、品種之多，屬全中國罕見，計有鉞、戈、刀、矛、鏃、戟、冑等 10 餘種，250 餘件。其中一件長近 70 公分的蟬紋大刀，刃部鋒銳，寒光閃閃，曲內戈彎曲的內部作成虎首形，圓目銳齒形象逼真，充分展現了百獸之王盛氣凌人，令人望而生畏的氣勢。直內戈的內部，有的鑲嵌綠松石，青銅綠玉，相映成趣，巧妙的將藝術與實用價值融為一體。被專家們譽為「中華鉞王」的兩件青銅大鉞，均為高、寬近 40 公分的煌煌巨制。鉞體中部鏤空，露出兩排三角形銳齒，顯得威風凜凜。商代墓葬中隨葬青銅大鉞，以前僅見於中原少數幾座大型墓，墓主人都是商王室成員或方伯一類上層貴族。這從一個方面說明，新幹大墓的墓主人是個身分顯赫的人物。

第四章　寶藏密碼

　　新幹大墓出土的青銅工具共有 140 餘件，以農業生產工具和手工工具為主。器物樣式各異，種類頗多，完全能夠符合各種不同的加工工藝需求。其中犁鏵的出土，意義尤為重大。先秦時期的青銅犁鏵，過去僅見四件傳世品，且都是戰國時期的遺物。經科學發掘的早期青銅犁鏵全中國僅此一處，彌足珍貴。它的出土，為商代已有使用青銅犁鏵的犁耕下了定論。青銅農具的大量出土說明鄱、贛地區的先民是最早使用青銅農具的部族之一；青銅工具的大量出土，使我們能窺見這裡當年以農為本的社會經濟，並向人們展示了手工業生產的發達和社會經濟的繁榮。

　　青銅器中，還有三件造型奇特的藝術品：伏鳥雙尾虎、雙面人頭像和羊角面具。虎通長 52 公分，口露獠牙，凸目聳耳，粗項直腰，後垂雙尾，作屈足欲奔之勢；背部伏一小鳥，尖喙直頸，斂翅短尾，頗富生氣。虎與鳥和平共處，現實生活中難於見到，當為圖騰遺風。雙面人頭像，兩面五官具備，與人臉無異，頭飾雙角卻又類羊；下有方銎可裝柄，上有圓管可插飾物；其貌詭怪、猙獰、恐怖。它們的出土，初步可見江南先民的宗教信仰和精神風貌。

　　玉器的數量、工藝、價值，在隨葬品中僅次於青銅器。計有完整器 25 種、100 餘件，可分為禮器、儀仗、工具、用具、裝飾品、藝術品 6 大類，幾乎囊括了中國上古玉器的全

部類別，足以說明當時此地的文明程度已達到了相當高的水準。它們的色澤以偏綠為主，灰色、米黃色、牙白色、白色次之。玉器的質料，經初步鑑定，有和田玉、藍田洛翡玉、岫玉、密玉、獨山玉、青田玉，還有水晶和綠松石。其產地既有近鄰的湖北、浙江，亦有較遠的陝西、河南，甚至有遙遠的遼寧、新疆。這批玉器，還表現出十分精彩的琢玉技巧。研磨削切、勾線陰刻、陽刻浮雕、對穿鑽孔、器表拋光等多種琢玉技術，都非常嫻熟的應用於製作上。

墓中出土的以肩、頸部環飾圈點紋為裝飾特點的土陶器有 300 多件，器形有罐、鬲、尊、盆、壺、豆、器蓋等近 20 種，而以鬲為最多。一些陶器上還刻畫文字、符號，證明當時的文明已具有較高的水準。較之銅器和玉器，陶器不能代表先進的生產技術，但由於它不易搬遷，又不變質，所以最能代表一個文化的性質。此墓出土的陶器一部分造型與中原出土者有著作風上的相似之處，但沒有一件與中原出土物完全相同，而是與江西本地吳城文化遺址的出土物基本一致，顯示此墓下葬的年代為中原商代晚期，這與碳 14 測定的資料也非常吻合。

根據此墓出土的青銅器、玉器、陶器的造型與紋飾，皆出與中原殷商文化遺物有相近或相同的因素，說明當年贛江 —— 鄱陽湖地區的青銅文化曾受到中原商文化的強烈影響

和浸潤。另外，墓中器物的造型、紋飾、鑄造工藝，以及品類和組合，都表現出濃厚的地方特色，這就是揭示出江南先民創造的這支文化是與中原商文化平行發展的、具有地方特色的土著文化。它與中原商文化關係密切、交流頻繁，但保持著自己的獨立性。可以斷定，當中原地區由商王朝進行有效統治時，江南的先民們已建立了自己的王國。從墓葬規模、出土文物來看，這位墓主人也許就是這個王國的最高首領。

虢國青銅列鼎

　　周文王在位時將東虢和西虢分別封給了自己的弟弟虢仲和虢叔。據史料記載，東虢在今河南滎陽，西虢原在今陝西寶雞東。後於周平王東遷時遷到了今黃河中游的三門峽市郊。1956 ～ 1957 年，考古學家對其進行了首次大規模的調查和發掘，共清理了包括虢太子墓在內的 234 座墓葬、3 座車馬坑、1 座馬坑，出土文物 9,179 件。1990 年和 1991 年，考古工作者再度對虢國墓地進行了鑽探和發掘，收穫頗豐。其中，M2001 墓和 M2009 號仲墓，為虢國兩代國君之墓，所出文物數量眾多，品種齊全，精美絕倫。

　　虢國墓地是一處排列規整、等級有序、獨具特色且保存完好的大型邦國公墓地。虢國國君及其家族的墓葬位於整個墓地的最北端，其他貴族和平民則依次向南聚族而葬。

除平民墓外，其他大中型墓中均有豐富的隨葬品，種類主要有青銅器、玉器。青銅器分禮樂器、車馬器、兵器等，許多青銅器上鑄有銘文。青銅禮器多以組合的形式出現，其中鼎不僅數量較多，且多與簋相配出土，數量據墓葬規格的不同以一、三、五、七、九為級差。在考古學上，將墓葬中的一組形制相同、紋飾相同、大小依次遞減的鼎的組合稱為列鼎。列鼎制度在西周時期有一套完善的體系，是西周禮樂制度的核心。虢國墓地中各等級的用鼎狀況集中反映了兩周時期的用鼎制度。

考古學家按照墓葬規格、隨葬品組合的情況將虢國墓地的墓葬分成五個等級：

第一等為國君墓，以 M2009、M2001 為代表。M2009 是形制最大，規格最高，出土文物數量最多的一座虢國國君墓。墓中共出土 29 件銅鼎，其中 9 件形制相同、紋飾相同、大小依次為一青銅列鼎，與之相配的是八簋、八鬲，這種配置屬大牢九鼎類。

據墓中出土的青銅器多鑄有「虢仲」作器的銘文，可以斷定此墓葬的主人就是虢仲。墓葬中器物的形制、紋飾和銘文風格屬西周晚期，墓中出土的墨書玉遣冊，有毛筆書寫的「南仲」字樣，南仲是周宣王時的大夫，證明墓葬年代當在宣王時期。學者們根據墓中器物銘文，結合相關文獻，研究

認為虢仲就是輔佐周厲王南征淮夷、釀成國人暴動，被史書稱為嬖臣的虢公長父。虢仲在西周晚期地位極其顯赫，南征淮夷，雖然釀成國人暴動，但卻獲得討伐的最後勝利，為西周王朝的安定立下了汗馬功勞，是有功之臣。

據史料記載，列鼎制度是西周奴隸主貴族「列等級、別貴賤」的重要象徵。虢仲墓中的器物組合，屬於列鼎的最高形式，九鼎呈現了「以九為節」的史實。虢仲身為一諸侯國國君，行的卻是天子九鼎之禮，足見其身分之顯赫。同時，也證明到了西周晚期，隨著周王室勢力的衰微，宗法等級制度開始走向衰敗，所有的等級制度及其所從屬的禮樂制度一步一步遭到破壞，出現了諸侯越天子之禮的現象。

M2001 的墓主人名叫虢季。根據古器銘和《國語》中的記載，這位虢季就是周宣王朝中的最高執政長官虢文公，在當時也是顯赫一時的人物。墓中共出土有 10 件銅鼎，其中七件大小有別，排列成序，當為一套完整的組合，另三件形體較小，形制也略有差別。八件簋中 6 件相同，2 件較小。因此，其隨葬品組合當是七鼎六簋的配置。

墓中的其他隨葬品數量眾多，精美華麗，特別是出土有玉柄銅芯鐵劍、墜玉面罩、七璜組玉珮，足以證明墓主人身分之高。墓中七鼎六直的配置顯然是遵循了西周的古制，表現了西周禮制的最初形態。

　　第二等以 M1052 虢國太子墓為代表，該墓出土的隨葬品近千件，其中青銅鼎七件，為一套列鼎；簋六件，大小形制相同，說明為七鼎六簋的配置。隨葬品表銅戈上皆鑄有「虢太子元徒戈」銘文。

　　第三等為五鼎墓，以 M1706、M1810、M2012 為代表。這幾座墓葬皆為五鼎配四簋，鼎大小相次，簋大小、形制相同、M2012 墓主為虢國墓地中發掘的等級最高的女性貴族墓葬，其身分在 M2006、M1820、M2013 之上，墓主梁姬為虢季的夫人；M2001 墓出列鼎七件，M2012 出列鼎五件，M2012 隨葬品組合規格低於虢季墓一等，與先秦文獻中關於禮制的記載完全相符。

　　第四等為三鼎墓，M1705 和 M1820 皆出銅鼎三、簋四，鼎大小相次，簋形制相同，規模與隨葬品的豐富程度大體同五鼎墓，屬少牢之禮的三鼎配四簋。M1721 出大小相次的銅圓鼎三，沒有簋，屬牲三鼎類，按禮制墓主力士階層。M2006、M2013 墓主為貴族夫人。

　　第五等為一鼎墓，數量多，隨葬品除鼎外還有盤、簋、匜等。如 M1620、M1634、M1651、M1657 等皆為一鼎，一鼎無簋是常制，屬特一鼎類。M2016、M2017 為一鼎兩簋，位於墓葬北區西部 M2001 的南側，和 M2001 相距甚近，隨葬有鼎、簋、盤等青銅禮器，推測墓主人生前為虢季侍從中地

第四章　寶藏密碼

位較高者，相當於士一級的貴族。

　　虢國墓地中墓主人的身分地位、墓葬及隨葬品的同鼎遺存從未見過任何通制的跡象，足見這種制度在當時該是多麼的穩定。

　　但是，到了西周晚期，宗法等級制度開始走向衰敗，用鼎數量以一、三、五、七、九為級差是一致的：即墓主人身分地位越高，墓葬和隨葬品的規格亦越高，青銅列鼎的配置就越高。因此，透過虢國墓地中青銅列鼎的隨葬情況，我們可以窺見兩周之際上層社會盛行的禮樂制度和宗法等級制度。

　　周代是禮制盛行的時期。由於重鼎在商周時期被看作國家政權的象徵，青銅鼎又被賦予了神聖的意義。因此，用鼎制度在禮樂制度占據了核心地位，先秦史籍中的用鼎制度的記載最為清楚，考古發現也較好的印證了文獻。

　　從考古發現看，所有西周中期以前的用其所從屬的禮樂制度一步一步遭到破壞。於是出現了虢國國君隨葬九鼎的現象。但這並不能就說當時的禮制完全失去控制，亂了章法，而是西周王室的禮樂制度下移了，諸侯國內部採用了周初只有西周王室才可以享用的禮樂制度，虢國墓地各等級墓葬的用鼎狀況也說明，在諸侯國內部用鼎制度還處於十分嚴密有序的狀態。

虢國墓地的發掘，尤其是大量青銅列鼎的出土，不僅為人們研究虢國的地理、歷史和文化提供了詳實的資料，更重要的是，它使人們看到了周代社會禮樂的普及之廣和諸侯墓葬的奢華。

仙人臺墓地青銅器

仙人臺遺址坐落在山東省長清縣東南 20 公里處南大沙河北岸的一塊高臺地上。最先發現仙人臺遺址的是長清縣五峰鎮的一位村民，當時他游過村南的水庫，來到仙人臺的崖頭上砍樹枝。一鐮刀下去，猛聽見一聲金屬的碰擊聲，循聲看去，只見黃土中暴露出一個綠鏽斑斑的圓形體。扒出來一看，原來是個帶著三條腿的銅「香爐」。再仔細觀察土層，發現裡面還不只一件。他回家取來鐵鍬等，半天工夫，挖出八、九件大小不等的銅「香爐」和「大碗」，還有一些罐、「燈碗子」之類的陶器。他選出幾件銅「香爐」和「大碗」送到濟南市博物館和長清縣文化館，受到縣裡表彰，並領回了作為獎勵的獎狀和圖書。存放在家中的其他器物，有的被親戚鄰里拿去，有的則被當作廢銅賣了廢品收購站。20 多年後，收藏在長清縣博物館中的那四件銅簋，引起了山東大學幾位考古學家的重視，由此便有了 1995 年春天仙人臺遺址的考古發掘。

第四章　寶藏密碼

　　南大沙河，是縣境內的第二大河，那座水庫叫釣魚臺水庫，是1958年修建的。仙人臺遺址就在水庫一側。現在這裡表層土地雖已變得比較貧瘠，但在古代植被未遭破壞之時，這依山傍水的環境，確是難得的形勝之地。難怪明代的德王陵就選在這五峰山的南麓，直到現在，王陵的圍牆仍屹立在山腳下。

　　考古學家們首先在當地村民的指引下，找到那座曾被擾動的地方，發現那是一座墓葬，這與他們的推測正相吻合。當年那位農民挖到的是墓葬中放置隨葬品的一個「邊箱」，墓室和另外一座邊箱保存尚好，被編為一號墓。

　　因為早已明確墓葬位置所以挖掘工作進展得很順利，不僅首先發現了青銅劍、箭頭和玉器等文物。而且透過鑽探，得知在遺址上共有6座大型墓葬。在編號為M3的墓葬中，墓主是一位戴著精美頭飾和玉項鍊的貴婦人，用以陪葬的有銅鼎、銅簋、陶鬲、陶豆和陶罐等禮器。尤為重要的是裡蓋上鑄有長篇銘文，顯示墓主屬於郜國。這是透過科學發掘所獲得的第一座郜國墓葬。萬幸的是，這座墓葬距離斷崖只有30多公分，如不是此次發掘，很可能會隨著雨水的沖刷而遭受與一號墓相同的下場。

　　一至三號墓的結構、大小和隨葬品與大致相同。銅鼎銘文透露出郜國與齊國的關係，從隨葬的器物組合和器物形制特徵觀察，這三座墓時代比較一致，屬於西周晚期。

　　四號墓與六號墓並排而葬，方向一致，相距只有二、三十公分，墓主有兩位，可能是一對夫妻。其中六號墓是六座墓中規格最高的。它東西長 4.6 公尺、南北寬 4.5 公尺，隨葬著拆散的馬車車輿、車輪和各種銅車馬器。二層臺上殉葬一犬，形體高大，四蹄捆紮，作掙扎狀，並戴有一串精緻的銅項圈。墓主隨身佩戴玉冠件 3 件、玉項鍊一串 13 件和玉璧、玉塊、玉琥等禮器多件。放置銅禮器 35 件，包括鼎 15 件，簋 8 件、方壺 2 件、圓壺 2 件、摟孔帶蓋豆 2 件、小罐 2 件和扁壺、盂、舟等，另有陶器 10 件，銅編鐘兩套 11 件和石磬一套 10 件，以及銅劍、銅戟、盾牌和盔甲等。四號墓以車馬器和銅器、玉器隨葬，身分也相當高，但墓的規模要小得多。兩墓時代大約同時，約當春秋時代早期。

　　墓地最西端的是五號墓，深 6.2 公尺，在棺槨的下方也有一個埋狗的腰坑，這種習俗可上溯至商代，表現了人類與狗之間的親密關係。在每座墓的棺底都鋪有硃砂，這種習俗早在一、兩萬年前的舊石器時代晚期就已經產生，硃砂的紅色，是墓主再生的象徵。葬俗上的這些共同特徵，證明仙人臺墓地屬於同一族群和侯國，即邦國。

　　墓葬中出土的文字資料也證明了這一點。六座墓共發現鑄有銘文的青銅器 7 件，其中有兩件銘文相同，均為同一字，其餘 5 件銘文最短者 20 字，最長者達 42 字。其中明確

第四章　寶藏密碼

屬於郡國的就有四篇，銘文中「郡公」、「郡子」不只一見。據此，可以明確的說，這是一處屬於古郡國的貴族墓地。考古學家們推測，其中的六號墓應該是郡國國君，根據周代象徵身分的「列鼎」制度，天子、諸侯、卿大夫，士享用銅鼎的數量有一定限制，即周天子用九鼎，諸侯以下分別為七、五、三、一鼎。六號墓隨葬十五鼎，除一件特大者外，其十四件都是兩兩相同，它使用的應是七鼎之制，合乎諸侯之禮。另外墓中出土的一對銅方壺，通高 63 公分，通體裝飾華麗紋飾，器腹四面均飾高浮雕龍紋，雙耳為立體獸首形，鑄造工藝極為高超。據目前所知，春秋時期這類方壺一般都是諸侯王所擁有，其他出土文物如車馬器、玉器、樂器和兵器等，也都顯示出該墓的規格要遠遠高於其他各墓。這都是判定墓主人為一代侯王的證據。

　　仙人臺六座墓葬共出土隨葬品 320 餘件（套），包括青銅禮樂器 108 件，兵器 57 件。因多未遭盜擾，棺槨結構清晰，器物組合完整，對於建立魯北地區周代考古學文化年代標示，有極為重要的意義。編鐘、編磬成套出土，經初步鑑定都是實用器，為中國音樂史的研究提供了難得的實物資料，兵器中有一件鐵援銅內戈，係將鋼鐵兩種不同的金屬熔鑄為一體的，這在春秋時期的考古中尚屬首見，對於研究金屬冶煉史、正確認識中國古代的科技水準，將發揮其重要作用。

更為重要的是，這一發現推翻兩千餘年來的傳統認知，證明春秋時期郜國的地理位置並非如漢代學者所說，遠在魯國以南的郜亭，而是在魯國以北的長清境內。

司母戊方鼎

自禹鑄九鼎之後，鼎便被賦予了神聖的色彩 —— 成為國家政權社稷的象徵。在商周時期，鼎又是施功記績的禮器。周代的國君或王公大臣在重大慶典或接受賞賜時都要鑄鼎，以頌表功績，記載盛況。

河南安陽是塊風水寶地，早在 20 世紀初，這裡就以出土甲骨文著稱於世。在 1920、1930 年代，政局混亂，民間盜墓風氣盛行。武官村村民也不會傻傻的在一旁看著，他們也開始有組織的在夜間盜掘古墓。1939 年的某一天夜裡隨著村人鐵鍬發出的「噹啷」一聲脆響，一只大鼎出土了。

就是本節介紹的司母戊方鼎，華麗雄偉，令人驚嘆。村民們忙了一夜，終因此鼎太大、太重而實在無法搬動，私掘者取來鋸子，將大鼎的一隻鼎耳鋸下，然後又將大鼎重新掩埋，並相約誰也不准說出此事。後來，侵華的日軍聞知此事，欲以重金購之而不得。

對日戰爭勝利後，司母戊鼎在 1946 年 6 月重新出土，曾作為蔣介石的壽禮，專車運抵南京，被撥交中央博物院籌備

第四章　寶藏密碼

處保存。但當年被村民私自鋸下的一隻鼎耳，在動盪的年月裡下落不明，留下了永久的遺憾。今天我們看到的司母戊大方鼎，有一隻鼎耳是後來補鑄上去的。

1948 年 5 月 29 日，司母戊鼎在南京首次展出。蔣介石親臨現場參觀，並在鼎前留影。稍後，國民黨政府挖空心思想把此鼎運往臺灣，但終因鼎身太重，不易搬動而放棄此念。後來於 1959 年，司母戊方鼎入藏中國歷史博物館。

司母戊方鼎形體龐大，造型精美。鼎為四足方形，立耳，長方形腹，四柱足空；通高 133 公分，口長 110 公分，寬 78 公分，壁厚 6 公分，重 875 公斤。除鼎身四面中央是無紋飾的長方形素面外，其餘各處在細密的雲雷紋之上，各部分又皆有主紋飾，並各具形態。鼎身四面以饕餮作為主體紋飾，並有龍紋盤繞，四面交接處，則飾以扉稜，扉稜之上為牛首，下為饕餮。鼎耳外廓有兩隻猛虎，虎頭繞到耳的上部張著口互相對著，虎的中間有一人頭，好像被虎所吞噬。耳側以魚紋為飾。四只鼎足的紋飾也匠心獨具，在三道弦紋之上各施以獸面。足上則鑄以蟬紋。在這些紋樣的襯托之下，整個鼎顯得更加威武、雄厚。

饕餮傳說是一種貪得無厭的野獸，生有角、爪、尾，面目十分可憎。這種動物很可能在自然界中並不存在，是人們根據牛、虎、羊、熊想像幻化出來的，並被賦予了恐怖的神

祕色彩。饕餮紋就是以饕餮這種想像動物為原型，又經過高度藝術誇張而形成的獸面紋飾。這種紋樣襯托出一種猙獰、神祕、威嚴的氣氛。

司母戊鼎是目前出土的形體最大重量最重的一件銅器，在世界青銅器中也是罕見的精品，無疑代表著商代青銅鑄造工藝的最高水準。在商代晚期的技術條件下，鑄造司母戊鼎這種大型青銅禮器，應該是當時的一項重大工程，這不僅需要大批具有熟練鑄造技術和豐富經驗的工匠，還需要有嚴密的組織。當世人站在這件精美龐大的國寶前瞻仰時，都會情不自禁的為當時高超的青銅技術而驚嘆，也為古代人民的聰明才智和高超技藝而折服。

根據考古發現和相關專家的研究，當時，冶煉青銅用的是一種叫做霸塪的陶製器物，形狀和後來倒放著的頭盔差不多，考古工作者叫它「將軍盔」。據計算，一般的「將軍盔」能熔銅十多公斤。鑄造一般的器物用一個坩堝就可以了。很顯然，鑄造「司母戊」鼎這樣的龐然大物用一般的將軍盔是不能完成的。考古工作者在安陽殷墟遺址發現了一種直徑 83 公分、壁厚 45 公分的大型坩堝。據推算，鑄造司母戊方鼎只要有 6 個這樣的大型坩堝就可以滿足熔銅的需求了。

經相關專家分析，司母戊鼎是一個合金體，合金成分為：錫 11.4%，銅 84.77%，鉛 2.79%，接近《考工記》中所

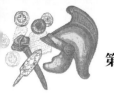

述「六齊」中鑄鼎的合金成分比例。這也充分說明，早在商代，中國就已經是高度發達的青銅時代了。

商周兩代有「藏禮於器」之說，青銅器不僅代表著當時最先進的生產力和最尖端的科技水準，也是當時禮制和政治的集中表現。「國之大事，在祀與戎」。對當時的統治者來說，最大的事情莫過於祭祀和對外戰爭。當時最先進的青銅冶煉和鑄造技術，也主要用在祭祀禮儀和戰爭上。這一點中國與世界各國青銅器有區別。司母戊鼎就是用於祭祀的青銅禮器。

鼎上有「司母戊」三個銘文。司可解釋為祠，就是祭祀的意思；母是商王對其母親的稱謂；戊應是商王母親的廟號。由這幾個銘文我們可以推斷出，這只大方鼎是商王為祭祀他的母親「戊」而鑄的一個專用鼎，故它的體形如此龐大就不足為怪了。

在司母戊鼎出土之前，即在 19 世紀末、20 世紀初，在河南安陽發現了殷墟甲骨文，從而印證了《史記‧殷本紀》中商王世系和「自盤庚徙殷，至紂之滅，二百七十三年，更不徙都」的記載，商史才成為了信史。

殷墟被稱為中國近代考古學的聖地。近幾十年以來，考古工作者在這裡做了大量的考古發掘和研究工作，獲得了可喜的成績。特別是婦好墓的發掘，不僅在殷墟考古史上具有

重大意義，而且為司母戊鼎的年代和所葬之墓的研究提供了
線索。

我們將司母戊鼎和婦好墓出土的司母辛鼎比較：兩者形
制相似，大小相近，花紋也有諸多的共同之處，銘文都是幾
個字，書寫的形式也一樣，字體都是首尾尖、中間肥的波磔
體，司字如出一人之手。

司母辛鼎的年代在殷墟文化的第二期，司母戊鼎當與之
同期，絕對年代在武丁晚期。

根據甲骨卜辭，商王的法定配偶為姙戊者有大丁、武
丁、祖甲、武乙。大丁是盤庚遷殷以前的先王，可以不予
考慮。

這樣來看，母戊只能是殷王武丁的配偶，該鼎就是祖
庚、祖甲為祭祀其母而作，進而司母戊鼎的「母戊」即為乙
辛周祭卜辭中的妣戊，祖庚、祖甲的母親。

中國以獨特的青銅文明著稱於世，尤以商周時期的青銅
器在世界文明中獨具特色。鼎是中國青銅文明的傑出代表，
而作為商王室重器的司母戊鼎，素有「青銅之冠」、「國之
重寶」之稱。其造型、紋飾、工藝均達到極高的水準，是商
代青銅文化頂峰時期的代表作，是中國青銅器鑄造史上的一
個偉大的奇蹟，是中國青銅文明的見證。

大克鼎

　　大克鼎是西周晚期著名的青銅器，又名克鼎或是膳夫克鼎，西周晚期的飪食器。重 201.5 公斤。係西周孝王時名叫克的大貴族為祭祀祖父而鑄造。造型宏偉古樸，鼎口之上豎立雙耳，底部三足已開始向西周晚期的獸蹄形演化，顯得沉穩堅實。紋飾是三組對稱的變體夔紋和寬闊的竊曲紋，線條雄渾流暢。

　　大克鼎係周孝王時期鑄器，歷見著錄，流傳有緒，是研究西周奴隸制度的珍貴資料，因此，鑄於鼎腹內壁上的長篇銘文蘊涵著豐富的史料價值。

　　銘文共 28 行 290 字，為西周大篆的精品。內容分為兩段：第一段是克對祖父師華父的頌揚與懷念，讚美他有謙虛的品格、美好的德行，能輔協王室，仁愛萬民，管理國家。英明的周天子銘記著師華父的偉績，提拔他的孫子克擔任王室的重要職務膳夫，負責傳達周天子的命令。第二段是冊命辭，周天子重申對克官職的任命，還賞賜給克許多禮服、田地、男女奴隸、下層官吏和樂隊，克跪拜叩首，愉快的接受了任命和賞賜，乃鑄造大鼎歌頌天子的美德，祭祀祖父的在天之靈。

　　清光緒 16 年，即西元 1890 年，在陝西扶風縣法門鎮任村出土，並被清朝工部尚書、軍機大臣、著名大收藏家潘祖

蔭收藏於蘇州宅第。潘祖蔭酷愛文物，尤精於青銅器的收藏。這裡曾珍藏著海內青銅器三寶中的大盂鼎、大克鼎二寶，並發生過一幕藏寶、護寶和獻寶的令人怦然心動的歷史實劇。

潘家視此二寶為生命，面對各種威脅利誘，百般護衛，付出了極大的代價。在日軍侵華期間，潘家為防日寇搶奪此寶，而將兩件國寶深埋於潘宅大院堂屋地下。1951 年，潘家主動將珍藏 60 多年國寶無償捐獻給了上海博物館。

═ 毛公鼎 ═

毛公鼎通高 53.8 公分，重 34.7 公斤；是西周晚期宣王時（西元前 828 ～西元前 782 年）的一件重器。此鼎形作大口，半球狀深腹，獸蹄形足，口沿上樹立形制高大的雙耳，深厚而凝重。口沿下有兩周弦紋，中填重環紋，三足呈獸蹄形，與屬王時期的多友鼎南宮鼎等器相比，形制差異較大，而與屬王晚期的融攸從鼎相近，手法更接近於春秋時代作風。整個器表裝飾十分整潔，顯得典雅。

毛公鼎因作者毛公而得名，銘文鑄在鼎上。鼎內銘文是金文的經典名作，有 32 行，共 497 字，是現存青銅器銘文中最長的一篇。

毛公鼎鼎內銘文，分為左右兩幅，是一篇完整的「冊命」，字裡行間似有陽紋格線。全文首先追述周代國君君主

文王武王的豐功偉績,感嘆現時的不安寧;接著敘述宣王同命毛公,委任他管理內外事務,擁有宣布王命的大權。宣王一再教導毛公要勤政愛民,修身養德,並賜給他一些器物以示鼓勵。毛公將此事鑄於鼎上,以資紀念和流傳後世。

該銘文筆法端嚴,線條質感飽滿,結體莊重,以至於出土以來,清末的書法家們無不為之傾倒。清末著名書法家李瑞清就曾說:「毛公鼎為周廟堂文字,其文則《尚書》也;學書不學毛公鼎,猶儒生不讀《尚書》也。」郭沫若先生也稱該鼎銘文「抵得上一篇《尚書》」。

毛公鼎匪夷所思般的傳奇經歷讓世人大開眼界。根據考證,道光末年(西元 1850 年),毛公鼎在陝西岐山出土,於咸豐二年(西元 1852 年)被陝西古董商蘇億年運到北京。後由翰林院編修、國史館協修、著名金石學家陳介祺以三年俸銀之重金為代價購藏。

陳介祺,山東濰縣人。與當時的收藏大家王懿榮、潘祖蔭、吳大澂、吳雲等常相過從,共同考辨古物,研究文字。陳氏於青銅器、陶器、古錢、古印璽、石刻造像等收藏既多且精,並且精於考釋。他的「萬印樓」現被山東省人民政府公布為省級重點文物保護單位,他的故居陳列館也在他誕生 180 週年時正式開放,被公推為 19 世紀末最有成就的收藏家之一。

陳介祺對其他收藏都樂於公眾於世，印成目錄，昭示天下。唯有對毛公鼎，深鎖密藏，祕不示人，整整 30 年。

陳介祺死後，陳家後人又密藏了 20 年。

到 20 世紀初，兩江總督端方依仗權勢派人至陳家，限三日交鼎，強行買走。毛公鼎到端府後沒幾年，端方即在四川被保路運動中的新軍刺死。後來，端方的女兒出嫁河南項城袁氏，端府欲以毛公鼎作為陪嫁，而袁家卻不敢接受，端方後裔遂將毛公鼎抵押在天津的華俄道勝銀行。可是後來端家家道中落，端方所收的許多青銅器均經過端方的拜把兄弟、美國人福開森（John Calvin Ferguson）賣了出去，自然也沒有財力將毛公鼎贖回。

1919 年、1920 年間，有個美國商人欲出資 5 萬美元把毛公鼎買走。消息傳出，中國國內輿論譁然。大收藏家葉恭綽（西元 1880 ～ 1968 年），廣東番禺人，清末曾任職郵傳部；民國時歷任交通總長兼交通銀行經理；在 1920 ～ 1924 年北洋軍閥時期，曾連任靳雲鵬、梁士詒、顏惠慶、段祺瑞內閣的交通總長，係舊交通系的主要人物之一；財力深厚，又嗜收古物，是民國年間最著名的收藏家和書法家之一。知道以後，決意與美國人角逐，想方設法將鼎留在中國。

葉恭綽本來力勸中國國內有實力者買下，後來卻不意傳來流言蜚語，說葉恭綽想從中撈取什麼好處。葉恭綽聽後氣

第四章　寶藏密碼

惱萬分，一氣之下變賣了其他一些文物，索性自己買了下來。於是毛公鼎又來到葉家，一待又是十幾年，先是放在其天津家中，後又移至上海。

葉恭綽買下毛公鼎後，曾拓下銘文，分送親友，圈內人均知鼎已移至上海的葉恭綽寓所懿園。抗戰中葉恭綽避往香港。香港淪陷後，日本人脅迫他出任交通總長，被他稱病拒絕，整日臥床休息，足不出戶。

葉恭綽在香港的日子過不安寧，整日在日本人監視之中，誰知上海方面又後院起火。原來葉氏在上海的一個姨太太，因財產問題鬧糾紛，竟把毛公鼎藏於懿園的消息透露給了日本人，鬧得日寇三番五次前來搜查。葉恭綽得知後萬分焦急，即刻發電報到昆明，叫他的侄子葉公超（西南聯大教授）到港晤商。

為保護寶鼎，葉公超遂赴上海與敵人周旋。葉公超到上海剛把毛公鼎安頓好就遭到日寇的拘捕，在獄中受刑七次，苦不堪言，差點喪命，後囑家人趕快設法請人仿造一鼎交出去了事。後經葉恭綽在香港遙控指揮，多方託人設法營救，好歹總算保住葉公超的性命，毛公鼎遂得以轉移香港，面交葉恭綽。

抗戰勝利前夕，葉恭綽被日軍押解回上海，仍是稱病不出。然而，此時葉家一個龐大的家族全仰仗他一人養活，他

抗戰之前就已退出政界隱居不仕了，十餘年下來全家人坐吃山空，還要撫養好幾個子女在外國留學，實力已大不如前，只好靠變賣文物度日。最終，力不能支，無奈之下，準備賣毛公鼎。

其時抗戰勝利在即，日軍已節節敗退、抗戰勝利的大勢已定。上海一個大奸商陳詠仁為給自己留條後路，表示願買此鼎，並約法三章，勝利之後一定捐獻國家。於是，寶鼎又轉到了陳氏手中。

抗戰勝利後的 1946 年，陳詠仁如約將寶鼎捐獻給當時的南京政府，歸原中央博物院籌備處收藏，後被帶往臺灣。

毛公鼎在金石學界享有盛譽，它與大盂鼎、虎季子白盤、教氏盤等一起，被譽為晚清時期出土的四大國寶。1948 年輾轉運至臺北故宮博物院，被視為故宮博物院的三大鎮院之寶之一。

= 莊金獸 ======

1982 年春，江蘇省盱眙縣穆店公社南窰莊一位萬姓農民在挖灌溉用的水溝時，三鍬挖出了幾十件文物。這批文物引起了南京博物館的高度重視，他們立即派人到現場進行考古勘探。

據出土現象觀察，南窰莊出土的這些文物應屬於漢代一個窖藏器物坑中之物。這批文物共計 38 件，器形種類主要有

金獸、錯金銀重絡壺和郢爰、馬蹄金、金餅等黃金貨幣。其中金獸、錯金銀重絡壺和一件郢爰被定為國家一級文物。錯金銀重絡壺，通高 24 公分，是中國獨一無二工藝水準極高的器物。郢爰中的一塊重 610 克，是目前世界上最古老、最大的黃金貨幣。

金獸，左右長 175 公分，前後寬 16 公分，高 10.2 公分，重 9 公斤，含金量 99%，是目前中國出土古代黃金鑄器中最重的一件。其造型為伏豹狀，頸部有三層項圈，上有環鈕，底座空內凹，內壁部陰刻有小篆「黃六」二字。依字體判斷，此物當為戰國晚期至西漢早期之物。出土時，金獸被當作錯金銀重絡壺的蓋，裝在壺口上。金獸通體斑駁如附鱗，金光閃閃，似豹，蜷曲匍匐狀，神態安然，頭部枕伏於前足之上，兩前爪八指一字排列，長尾環繞後股伸入腹下，造型非常別致獨特。

據報導，遼寧省淩源縣三官甸子和陝西省鳳翔縣馬家莊的春秋時期墓葬曾先後出土過名為「金獸」和「金異獸」的金製品，這兩件金製品，在工藝上雖各有千秋，但都屬於小巧玲瓏、重量僅有 20 多克小型金飾品。而南窯莊發現的金獸，無論從體積重量還是工藝水準上，都稱得上是目前中國考古發掘出土的純黃金鑄品中獨一無二的重器。其不僅純度高、重量大，而且造型奇異獨特，刻畫細膩，工藝精湛，更

未見任何造型相雷同者。從藝術角度審視，南窯莊金獸顯然是一件十分成熟的圓雕作品，但因缺乏直接的出土證據，為判斷這些文物的埋藏者和埋藏原因留下了懸念。

═「青銅史書」史牆盤 ═══════

在青銅文明中，盤是一種水器──洗手用具，常與匜配合使用。古人在祭祀或飲宴時，有洗盥的禮節。

這種禮節就如同現在的飯前洗手，不過那時是將盥洗用具端到面前來洗。具體的做法是上面用其澆水，下面用盤接著。

1976年12月15日，陝西扶風縣法門公社莊白村的村民們在平整土地時發現了一處青銅器窖藏，這個窖藏中，共出青銅器103件，是1949年以來發現的數量最多的西周青銅器窖藏。其中74件有銘文，而史牆盤是最為重要的一件。

史牆盤敞口，淺腹，圈足，腹外附雙耳。盤通高1.62公分，口徑47.3公分，深8.6公分。腹飾垂冠分尾長鳥紋，鳳鳥有長而華麗的鳥冠，鳥尾逶迤的長度為鳥體的二倍至三倍，延長的部分與鳥體分離。鳳鳥紋在當時象徵吉祥，是西周中期最為流行且最有特徵的紋飾。史牆盤圈足上花紋似夔紋而不見首，已有竊曲紋的原始形態。全器外部其餘空間均飾迴旋線條組成的雲雷紋。從整體上講，史牆盤造型精緻，紋飾優美，鑄造精巧，銘文典雅。

第四章　寶藏密碼

　　史牆盤自出土以來，就有「青銅史書」之譽，主要是因為其器底銘文對人們研究西周歷史和進行青銅器斷代都有極高的價值。盤銘 18 行共 284 個字，不僅提供了許多過去文獻中沒有的關於西周王朝的史實，而且盤銘在文體結構、修飾手法和詞彙方面，也有很突出的特點，這對人們研究西周金文也有重大意義。

　　史牆盤出土以後，中國著名歷史學家唐蘭先生對其銘文進行了考釋，並將其譯作現在語言。

　　史牆盤銘文所記述的西周歷史至穆王止，因此一般認為此器屬恭王年間。此外，從史牆盤的器形和字體等方面考察，也與前面的推測完全相合。

　　銘文內容分為前後兩部分，前部分記述了西周文王、武王、成王、康王、昭王、恭王等 6 代當朝天子的重要史蹟和主要業績，如文王創業、武王伐商、周公東征、成王分封等。這不僅證實了中國文獻中關於西周前期王室世系的記載，而且所頌揚的各朝天子的政績也可和文獻相互印證。

　　史牆盤所記述的西周史，有的可以和文獻記載相對照，有的則是文獻中沒有的敘述，這對人們研究西周歷史具有極大的價值。盤銘敘述武王征四方、達殷、征翟、代東夷，這些史實可以作為《逸周書·世俘》中所述的武王伐四方事跡的補充，當時商不但和東夷，而且和北狄也有密切的關係。

　　同時，從盤銘中所記敘的西周史上，也可以獲得這樣一個資訊，武王時代，殷王朝雖然遭受了一次致命的打擊，但是並未完全被滅。武王伐商以後，商王武庚遷於朝歌。當時，周人在北方有狄的威脅，在東方，夷人也未完全脫離殷人的羈絆。這表示，周人勢力並未到達山東半島，由此可以推斷齊魯兩國的分封就不應該在武王之世。

　　銘文關於昭王南征荊楚的敘述，可以和史書相對照。古本《竹書紀年》載：昭王十六年，「伐荊楚、涉漢」，十九年「喪六師於漢」，這便是《史記》中「昭王南巡狩而不返，卒子江上」史實。儘管盤銘只說昭王「廣能荊楚，推狩南行」，而將昭王南征失敗慘死的真相給掩蓋了，但這一敘述卻使史書的真實性得到印證。

　　盤銘的下半部分是器主史牆自敘其微族自遠祖以來歷代侍奉周王室的歷史。換句話說，就是為我們講述了一部西周微氏家族的發展史。按照盤銘中的說法，微氏家族世代為周王室的史官，史牆的高祖原居微國，有人認為就是微子啟之後，即為商的遺民；窖藏的青銅器也確實留有商代遺風，這多少令人對這種觀點不移。

　　武王滅商以後，其擔任微國史官的烈祖來見武王，即銘文中「零武王既載殷，微史刺祖西來見武王」，武王命周公安排他們在歧周居住，至乙祖時出仕於周，並漸漸成為周王

腹心之臣，微氏家族開始走向顯赫。銘文最後說明，史牆為稱頌先祖父考，並祈求多福，而作此器以為紀念。

　　同時，透過銘文，我們還可以看到西周社會的各個方面，特別是當時的一些政治經濟政策。銘文中記載武王命令周公在周邑近郊劃居住地給臣服於周的微國史官的烈祖，顯然是「采邑」之賜，為人們研究西周的「內服」和采邑制度提供了可靠的證據。而由「無刺農桑，歲稼唯辟」所知，微國乙公所食田邑的貢賦交納及時，又乙公不斷開闢土地，所種莊稼年年增加。顯而易見，乙公所開闢出來的土地可能就是食邑之外的私田，反映了西周中期政治經濟上的重要現象。

　　史牆盤記載的歷史如此清楚詳盡，完全可以作為一件青銅器斷代的標準器。從各器上的銘文可知，與史牆盤同出的103件青銅器，均屬於微氏家族的，有折器4件，豐器6件，牆器3件，牆之後48件，共61件。以史牆盤為基準，可以將此窖藏青銅器系排列起來：折約當康昭時期，為牆所述之第四代；豐約當昭穆之時，為第五代；牆當恭王時期，為第六代；此後為第七代，當在共懿時期。此窖藏，青銅器是史牆一家幾代先後製作的器物。同坑中出同一家族銅器如此之多，並有緊密關聯而可資斷代的，尚是首見。根據各器的形制、紋飾、文字風格等，和其他青銅器比較研究，可以為青

銅器斷代整理出一條線索，從而為西周青銅器分期樹立了一個難得的可靠標示，這在青銅器研究以及西周考古上有很重要的意義。

考釋盤銘可知，武王克商時，微氏家族就遷居於周。周原地區本為周都歧邑所在，文王遷都於豐以後，仍為畿內地分封周、召二公。所以，武王命周公給予史牆烈祖的居住地，正在今天的周原遺址之中，在整個西周，史官牆的家族一直居住在這裡，並世代為周王官的史官。這使我們進一步認識了周原的性質，肯定了它在西周歷史上的重要地位。

周原位於今天陝西岐山、扶風兩縣的北部，為周人的發祥地和周滅商以前的都城遺址。史籍記載，約在西元前 12 世紀末或前 11 世紀初，周人的首領古公亶父。自分遷至此地，開始營建城郭，作為都邑。對周族而言，遷居岐下是其工業興起的開端，從此周族便漸漸強大。

西元前 11 世紀後半葉，周文王遷都於豐，周人的政治、經濟、文化中心隨之東移。但岐邑作為西周王室貴族的根據地，並沒有因此而廢棄。這裡有他們的宮室采邑和宗廟祖塋，以周正為首的奴隸主貴族時常來此舉行朝見、賞賜、策命、祭祀等重大活動。

西周末年，由於西周王室的衰微，少數民族西戎趁機入侵，周朝貴族匆忙逃亡，於是將不便帶走的青銅禮器以窖藏

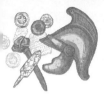

的形式埋於地下。因此，自漢代起，周原就屢有銘銅器出土。進入 20 世紀，在岐山、扶風兩縣不斷發現窖藏青銅器，尤其是 1976 年在扶風縣法門公社莊白村發現的窖藏，這是近代以來出土青銅器最多、學術價值最高的一批，特別是史牆盤的發現，替西周歷史提供了許多寶貴的資料，史牆盤和其他青銅器對人們認識西周歷史具有無可爭議的重大意義。

＝ 何尊 ＝

何尊是西周初期出類拔萃的青銅器，是周成王時代的標準器；高 38.8 公分，口徑 28.8 公分；口圓體方，四道大扉稜裝飾，頸部飾有蠶紋帶，口沿下飾蕉葉紋，以雷紋為地，高浮雕捲角饕餮紋，圈足亦飾饕餮紋。它既莊重大方、氣質雄渾，又精神外露、立體感極強；那天圓地方的造型和高浮雕的獸面饕餮紋，更使這綠鏽斑斑的西周重器增添了神祕感。

陝西省寶雞市東北郊的賈村，原是西周部落群居的遺址，在這裡曾不斷發現西周時期的文物。賈村鎮西街一陳姓人家的屋後有個約 3 公尺高的斷崖；陳家常年在崖根取土，上面未取土的地方便突出來約一立方公尺的大土塊。陳家老二恐怕這土塊掉下來砸傷人，就搭起梯子，想用钁頭把它挖掉。不料沒挖幾下土塊就掉了下來，土塊中竟埋藏著一件古銅器；除去鏽土後，露出了饕餮紋。陳家人不知是件國寶，

順手就把它放在樓上裝糧食。

1965 年 8 月，陳家因經濟拮据，就把這件青銅器連同另一些廢銅混裝在麻袋裡，賣給了寶雞市一家廢品收購站，總共賣了 30 元錢。

寶雞市博物館職員老佟愛去廢品收購站打轉。1965 年 9 月的一天，老佟轉至該門市部，有位老職員告訴他，最近收了件古銅器，問他要不要；並從裡屋牆角的廢品堆中扒出了這件銅器。老佟一看，雙眼放光，連聲說：這不是周代文物嗎？我們要！當天就將其搬運回博物館。

1975 年，這件青銅器被送到北京故宮展出。除鏽後發現器內底部有銘文 12 行，122 字，學術價值彌足珍貴。銘文記載了西周成王五年遷殷頑民於成周時，四月丙戌日，在岐周京室裡，成王對「宗小子」們所作的誥訓。誥訓完畢後，成王賞給了何貝幣 30 串。何用這筆錢製作了銅尊，用來祭祀他的父親。因此，這件西周重器被考古界命名為「何尊」。

何尊銘文可與先秦典籍《商書》的〈多方〉等篇章互為補充，是研究周代初期歷史的重要史料。更為值得一提的是，在已發現的文獻中，「中國」這個詞彙就是在何尊的銘文中首次被使用。

四羊方尊

　　自 1930 年代起，湖南寧鄉縣沉睡了 3,000 多年的一大批青銅器被無端驚醒。在考古界，這些青銅器被稱為「寧鄉青銅器群」。四羊方尊便是「寧鄉青銅器群」的代表，也是寧鄉出土最早的青銅器。幸運的是，世人最終目睹了四羊方尊的雄偉莊嚴、精美絕倫、然而不幸的是，在它出土之後的十幾年裡，它經歷了一次又一次劫難，甚至粉身碎骨。

　　1938 年，湖南寧鄉縣月山鋪村民姜景舒兄弟在轉耳侖的山腰上挖土時，偶然發現了這件曠世珍品。姜氏兄弟當時並未意識到它的價值，在挖掘中已經將方尊損壞，據說有一塊長 10 公分、寬 8 公分的口沿殘片至今仍保存在姜氏家中。

　　四羊方尊這件重器出土後，被長沙的幾個古董商合夥出資買下了。但在回到長沙以後，幾個人由於分利不均而生矛盾，並反目為仇，其中有人向當地政府告密。於是，四羊方尊被長沙政府沒收，交由當時的湖南省銀行保管。

　　不久，日軍侵華的戰火燒到長沙城下，湖南省銀行遷往沅陵，四羊方尊也隨之又一次踏上了征程。前往沅陵的四羊方尊並未得到應有的安全，在一次日軍戰機的轟炸中銀行被擊中，倉庫中的方尊也未能倖免於難，被炸成 20 餘塊碎片。一件價值連城的國寶頃刻變成一堆廢銅。此後在很長一段時間裡，四羊方尊被遺忘在角落裡，無人問津。

1949 年，中國國家文化部委託湖南省文管部門查找方尊下落。文管會的工作人員在湖南省銀行的倉庫中重新找到了塵土中的四羊方尊，十幾年後它再次被人關注，但卻變成了一堆銅碎片。經過文物專家的精心修復，四羊方尊死而復生，終於重現三千年前的風采。修復後的方尊交湖南省博物館收藏。之後，中國歷史博物館建成，這件國寶級重器被調往北京，收藏於中國歷史博物館。

所謂尊，就是一種酒器，起源於新石器時代。其實，早在大漢口文化中就出土過一種體形龐大的陶製大口尊 —— 很可能是祭祀中使用的酒器，有的器壁上還有與祭祀相關的原始刻畫文字。商周以後，銅尊盛行，並成為常見禮器的一員。與其他禮器不同，商代的銅尊造型稀奇古怪，多姿多采，我們能從中看到許多動物形象，比較著名的像象尊、豕尊、牛尊等，塑造得栩栩如生，多姿多采。而羊的形象也是其中的主題之一，比如雙羊尊、三羊尊等，而這件四羊方尊更是其中的傑出代表。

四羊方尊，侈口，鼓腹，圈足，是目前所見商代青銅器中最大的方尊。其通高 58.3 公分，尊口邊長 52.4 公分，重近34.5 公斤。

四羊方尊可分為上中下三部分。最上部的口頸部分製作成強勁有力的弧線形，下部的支應是由穩重的直線圍成的圈

足，中間的四隻捲角山羊形裝飾雕刻是整個作品中最精彩的部分。其形猶如在寧靜中有威嚴感。尊腹即為羊的前胸，其上及頸背部飾鱗紋，兩側飾有美麗的長冠鳳紋，留足上飾有夔紋。全體飾有細雷紋。這四隻捲角山羊，四足皆腳踏實地，貼附於方形圈足之外，承擔著尊體的重量。在尊的頸部飾有晚商青銅器上常見的蕉葉、夔紋和獸面紋，肩部飾有 4 條高浮雕蛇身而有爪的龍紋，相互蟠纏，龍首探出器表從方尊每邊右肩蜿蜒於前肩的中間。

四羊方尊整器渾然一體，讓當今世人對其高超的合範技術驚嘆不已。此尊的邊角及每一面中心線的合範處都是長稜脊，這樣不但改善了器物邊角的單調感，增強了造型的氣勢，而其實用功能是以此來掩蓋合範時紋飾可能產生的對合不正現象。肩部的龍及羊的捲角都用分鑄法作成。羊角是事先鑄成後配置在羊頭的陶範內，再合範澆鑄的，這種方法在鑄造工藝中被稱為二次鑄造法。

寧鄉商代青銅器多出自窖藏中，四羊方尊也是如此。不過，由於當年不是正式的考古發掘和清理，已不知窖藏的結構及埋藏狀況。幸運的是，在 1983 年 6 月，在發現四羊方尊東約 250 公尺處，又發現了一個銅鐃窖藏，可作參考。該窖藏與四羊尊窖藏處在同一山崗上，此地東距寧鄉城 60 公里。窖藏為一土坑，平面呈橢圓形，上大下小，坑口東西長 150

公分、南北寬 95 公分、殘深 96 公分。坑內僅藏一件通高 150
公分的大銅鐃，在清理銅鐃窖藏的同時，文物考古工作者還
在當地進行了鑽探，發現轉耳崙背是一處南北寬約 25 公尺，
東西長約 80 公尺的古遺址，時代為商代晚期，也就是說，遺
址與窖藏屬於同一時期，而銅鐃窖藏處在遺址的西部邊沿，
四羊方尊的窖藏在其西也只有 200 多公尺，據此推測，窖藏
內的銅器可能就是遺址當年的居民埋藏的。那麼，這些居民
是些什麼人呢？

　　寧鄉青銅器中的絕大多數，無論是器物造型，還是裝飾
紋樣，以及鑄造工藝，與殷墟出土的青銅器特徵有極強的一
致性。因此，有些專家認為寧鄉一帶可能是商朝的一個方
國，照此觀點，寧鄉青銅器當是當地方國的國君埋藏的，也
可能是當地鑄造的。但也有人不同意這個觀點，他們認為，
寧鄉青銅器與殷墟青銅器的高度一致性顯示，這些器物是商
代奴隸主貴族從北方帶來埋入地下的。究竟是方國鑄造，還
是來自晚商的首都，尚有待進一步的研究。

　　但無論如何，在中國古代青銅器中，有不少器物以其獨
特的造型引人注目，四羊方尊便是其中非常突出的一例。該
尊造型簡潔、優美雄奇，寓動於靜。它集線雕、浮雕、圓雕
於一器，把平面圖像和立體雕塑結合起來，把器皿和動物形
狀結合起來，以異常高超的鑄造工藝製成，真是匠心獨運，

恰到好處。整個器物用塊範法澆鑄，一氣呵成，其所代表的青銅器鑄造工藝水準是不同凡響的。在商代的青銅方尊中，此器形體的端莊典雅是無與倫比的。正因為如此，它被中國歷史博物館列為傳世珍藏十大國寶之一。

═ 銅奔馬 ═

　　被世界譽為「中國古代藝術作品的高峰」的漢代青銅奔馬俑是件具有極強藝術感染力的古代藝術佳作，是 1969 年 10 月在甘肅武威縣的一座東漢時期的張姓將軍的墓中出土的。

　　它造型輕盈而雄駿，昂首揚尾，四蹄騰空，筋骨剛健，一副風馳電掣般奔馳的形狀。而且，馬身上沒有轡頭、鞍鐙、韁繩，完全展現出一種自由奔放的境界。馬的各部位的比例安排得恰到好處。觀賞者們無論從雕像的正面、側面，還是從整體上都會感覺到那種雄健、自在、超然的浪漫情調。

　　這具青銅雕製的奔馬俑確實稱得上是一件集繪畫、雕刻、冶煉、鑄造等技藝之大成的藝術珍品。更妙的是，它的後足恰巧踏在一隻正收縮著翅膀在空中疾飛的鳥背上，既表現了創作者的浪漫主義意識，又穩定了銅馬俑的重心，真是精巧之極。

　　正是根據這具奔馬俑的這種造型，人們把它稱之為「馬踏飛燕」，具象的表達了這種浪漫主義情調。

　　可是，史學界卻從此面對著一個難解之謎。這具藝術珍品的原型到底是一匹什麼馬呢？

　　最初，專家、學者們僅僅是把它看作是一種造型生動的良駿。這也是銅奔馬被賦名為「馬踏飛燕」的原因。據史料記載：周穆王有8匹駿馬，其中一匹名為「翻羽」。用現在的話來說，就是一匹飛馳速度已經超過了飛鳥的快馬。專家們認為這具銅馬俑很可能就是刻畫這匹良駿的。

　　可是，不久後研究人員發現，奔馬俑的右後蹄下的飛鳥造型不像是燕子。經過專家認定，這隻飛鳥竟然是龍雀。看來，把銅奔馬改稱「馬踏龍雀」就更準確了。問題還不僅在此。學者們指出：在中國古代，龍雀可不是凡鳥，它是風神，古稱「飛廉」，是一種神鳥。這樣一來，它絕不應是一匹奔馬所踏之物。只有一種可能，那就是奔馬俑是非凡之馬的雕像。

　　於是，一些學者提出：這形神俱妙的古代藝術品刻畫的是一匹遨遊太空的「天馬」。古代的一些名人都描述過這種神駿。唐代大詩人李白曾作〈天馬歌〉，其中就有「回頭笑紫燕」的佳句。據史書記載，漢代產自大宛的良種汗血馬就被稱作「天馬」。大宛在西北，而奔馬俑出土之地武威也正是在西北。

　　奔馬俑和汗血馬似乎有關，可是，這種說法也無法解釋某些史料中的記載。在東漢張衡的〈東京賦〉中有「銅雀蟠

婉，天馬半漢」之句。這表示當時王宮內龍雀和天馬是地位對應相當的銅製陳列品，而這具奔馬俑造型卻是馬在飛廉之上，而且馬踏著飛廉，這是怎麼一回事呢？最近又有人指出：在漢代，飛廉、天馬地位極高，它們是皇家威儀的象徵。無論「天馬」是真的漢血馬，還是銅製天馬俑，都不可能被臣民享用。可這具奔馬俑卻出土於一位張姓將軍墓中，確實不可思議。看來，奔馬俑是天馬之說，仍存有疏漏。

　　有人提出了一種新見解，認為銅奔馬是一具馬神的塑像。古籍《爾雅・釋天》中寫道：「大駟，房也。」指的是上天二十八星宿中東方蒼龍七宿之四，名為「房」，也稱「天駟」。秦漢以前，人們都崇「天駟」為馬神，它後來演變成了馬王爺。自騎兵在中國古代戰爭中出現以後，人們便開始拜祭馬神。武威漢墓的主人是將軍，生前率騎戍邊是他的職業，供奉馬神也就在情理之中。他死後，親人們將他的將軍印和銅製馬神隨葬，以期望他在幽冥世界被庇護並獲得尊榮，這也是順理成章的事。所以這種解釋的確有很強的說服力。只可惜，目前這些解釋都僅僅是推測，沒有找到足夠的史料佐證。

═「一捧雪」寶杯之謎 ═

明朝嘉靖年間（西元 1522 ～西元 1566 年），江蘇省太倉縣有一個官員名叫王忬，他曾帶兵負責河北到遼寧這一帶的邊防。在他的家裡，保存有一個玉雕的杯子，潔白晶瑩，玲瓏剔透，被當作傳家之寶。

這個價值連城的寶杯，非常神奇，當炎熱夏天到來的時候，向杯裡倒進滾燙的開水，水會立即自動冷卻下來，像雪水般清涼，彷彿是一捧冰淇淋，因此被取名為「一捧雪」，並成了遠近聞名的稀世珍寶。

可是不久以後，這件玉雕寶杯被當朝的奸臣嚴嵩父子知道了，他們想謀取這件珍寶，便下令王忬將寶杯進獻到嚴府來。王不忍世世代代的傳家寶就這樣落入奸臣嚴嵩手裡，於是便請人暗地裡連夜趕雕一只仿製品派人送去。

不料此事被一個裱糊匠知道，他跑去向嚴嵩告密。於是嚴嵩大怒，便藉口倭寇竄犯沿海與王忬失職有關，迫害王忬，然後利用抄家的機會要奪取那「一捧雪」寶杯。

就在這緊急關頭，王忬家裡有一個為人老實正直的僕人，名叫莫成，他挺身而出，化裝成主人王忬替主人赴死，而讓王忬帶上祖傳的「一捧雪」寶杯改名換姓逃避他鄉。後人因感王忬由於「懷藏古物」而遭到如此橫禍，便把王忬改名為「莫懷古」以表示警喻。

第四章　寶藏密碼

　　莫懷古逃到哪裡去了呢？他帶走的無價之寶「一捧雪」古杯最終流落到誰手裡？幾百年來，一直無人知曉。到了1970年代初期，河南鄉下有一個農民向相關部門報告說，他家裡珍藏有一個世代留傳下來的「一捧雪」寶杯，一時引起了轟動，成了一大新聞。消息傳到了北京，北京相關部門派出了專家前往鑑定，發現這只所謂的「一捧雪」寶杯是贗品。這樣看來，這只被那位農民世代收藏的「一捧雪」寶杯，很可能就是當年王忬送給嚴嵩的仿製品，而真的「一捧雪」寶杯卻一直下落不明。

　　但在福建《平潭縣志》第八卷〈冢墓〉這一篇裡有這樣一個非常難得的記載：「莫懷古墓，在東庫島大山中。莫懷古因避嚴嵩之迫害，隱居在東庫島上的大帝宮裡。」

　　東庫島是平潭縣東面的一個島嶼，上有高山，四面環海，地勢險要，是古代避亂的好地方。這個島在明代的時候，曾經是民族英雄戚繼光率領軍民抗擊海上倭寇侵犯的一個前線陣地。

　　據當地老百姓說，當年莫懷古（即王忬）從家裡連夜逃出來後，便加入了戚繼光的部隊南下來到東海前沿，如今東庫島上還殘留有當年戚家軍安營紮寨的遺跡，而化名成莫懷古的王忬死後便被埋葬在這座海島上。

　　可是，400多年過去了，雖然曾經有人前往東庫島上尋

找莫懷古墓，但只見滿山遍野亂墳殘碑，野草沒徑，無從辨認。莫懷古墓裡是否藏有他隨身攜帶的傳家寶「一捧雪」古杯？這為後人留下了一個謎。如果那只寶杯曾隨主人一起下葬，那麼，人們就盼望著今後有朝一日考古挖掘時，能發現莫懷古墓，那麼「一捧雪」寶杯就將會有重見天日的機會。

電子書購買

國家圖書館出版品預行編目資料

古文明不是傳說，寶藏真實存在過！五億年前的涼鞋印、四千年前的現代家電、沉沒的海底城市、被擄走的猿人化石……跟隨歷史痕跡，尋覓珍寶蹤影 / 竭寶峰，李奎，方士華編著 . -- 第一版 . -- 臺北市：崧燁文化事業有限公司，2023.05
面； 公分
POD 版
ISBN 978-626-357-337-6(平裝)
1.CST: 文明史 2.CST: 古代史 3.CST: 世界史
713.1　　112005750

古文明不是傳說，寶藏真實存在過！五億年前的涼鞋印、四千年前的現代家電、沉沒的海底城市、被擄走的猿人化石……跟隨歷史痕跡，尋覓珍寶蹤影

臉書

編　　著：竭寶峰，李奎，方士華
發 行 人：黃振庭
出 版 者：崧燁文化事業有限公司
發 行 者：崧燁文化事業有限公司
E - m a i l：sonbookservice@gmail.com
粉 絲 頁：https://www.facebook.com/sonbookss/
網　　址：https://sonbook.net/
地　　址：台北市中正區重慶南路一段六十一號八樓 815 室
Rm. 815, 8F., No.61, Sec. 1, Chongqing S. Rd., Zhongzheng Dist., Taipei City 100, Taiwan
電　　話：(02) 2370-3310　　傳　　真：(02) 2388-1990
印　　刷：京峯彩色印刷有限公司（京峰數位）
律師顧問：廣華律師事務所 張珮琦律師

-版權聲明

定　　價：299 元
發行日期：2023 年 05 月第一版
◎本書以 POD 印製